完全図解
雑木の自然風剪定
石正園 平井孝幸

完全図解 雑木の自然風剪定
Contents

本書の使い方…3

1章 心地よい庭と剪定の関係

中庭を屋外のリビングに…4
都心の小さなオアシス…5
苔むした橋と棚田状の池…6
邸宅を包む緑のスクリーン…6
山中の庵の景色を都心の自宅に…7
マンションの前庭を避暑地の木立に…8
真紅のモミジが散る水鉢…9
毎日が別荘暮らしのように…10
古民家に調和する、小川が流れる庭…11

なぜ剪定が必要か…12
剪定前と剪定後の違い…14
雑木の庭の構造や要素…16
雑木の庭は季節感が魅力…18
剪定がよい庭は年々魅力が増す…20
剪定と管理に用意したい道具…22
日常の管理(水やりと除草)…24

2章 人気の雑木の決定版 樹種カタログ

落葉樹:48種…26
常緑樹:24種…38
針葉樹:8種…44
低木・灌木:20種…46
雑木に似合う
　下草図鑑:13種…48

3章 雑木100種 樹種ごとの剪定のコツ

剪定と管理の
　年間スケジュール…50
剪定する枝と残す枝…52
自然な樹形を保つコツ…54
枝の切り方のポイント…56

落葉樹の剪定の基本…58

アオダモ、アオハダ、アカシデ、アズキナシ、アブラチャン・ダンコウバイ(ソロ)、ウメ、エゴノキ、カツラ、カマツカ、キブシ、クロバナロウバイ、コナラ、コブシ、ザクロ、サルスベリ、サンシュユ、ジューンベリー、シラカバ、シラキ、シロモジ・クロモジ、ツツジ類、ツリバナ、ナツツバキ(シャラ)、ナツハゼ、ナナカマド、ネジキ、ノリウツギ、バイカウツギ、ハナイカダ、ハナカイドウ、ハナミズキ、ハナモモ、ヒメシャラ、ブルーベリー、マユミ・コマユミ、マルバノキ、マンサク、ムクゲ・フヨウ、メグスリノキ、モクレン類、モミジ類、ヤナギ類、ヤマコウバシ、ヤマボウシ、リキュウバイ、リョウブ、ロウバイ

常緑樹の剪定の基本…108

アオキ、アセビ、イヌツゲ、オリーブ、カクレミノ、カラタネオガタマ、カルミア、カンキツ類、キョウチクトウ、キンモクセイ、シイ(スダジイ)、シマトネリコ、シャクナゲ類、シラカシ、ソヨゴ、タイサンボク、ツバキ・サザンカ、トキワマンサク、ハイノキ、ヒサカキ、ベニカナメモチ、マサキ、モチノキ、モッコク

針葉樹の剪定の基本…134

アカマツ、クロマツ、イヌマキ、カヤ、キャラボク、ヒノキ・サワラ、ヨシノスギ、レイランドヒノキ

低木・灌木の剪定の基本…144

アジサイ、ドウダンツツジ、ウグイスカグラ、ガマズミ・ミヤマガマズミ、クチナシ、コデマリ、コバノズイナ、コムラサキ、サワフタギ、シモツケ、シロヤマブキ、ジンチョウゲ、ダンコウバイ、トサミズキ・ヒュウガミズキ、ナンテン、ニシキギ、ヒメウツギ、ボケ・クサボケ、ヤマブキ、ユキヤナギ

植えつけ方とその後の管理…157

植物図鑑索引…158

[本書の使い方]

関東平野部を基準に、樹木の分類から栽培情報などをわかりやすくまとめました。1章と2章では豊富な写真で実例や剪定の意義、100種の木の写真を掲載。3章からの剪定の樹種ごとの解説では代表的な樹形をシルエットで表し、剪定するべき幹や枝を薄いオレンジ色で、残すべき枝や幹を茶色で表現しました。特に注意するべき切り取る位置に緑色でカット線を入れています。なお、科名などは分類生物学の成果を取り入れたAPG分類体系に準拠しています。

1章

心地よい庭と剪定の関係

野趣のあるサワグルミ（写真左手前）は、秋に熟した実が収穫できるのも魅力。ポイントに植えられたクリスマスローズは、早春から長期間、花が楽しめる。

コナラやモミジ類などの雑木を植え、自然の景色を再現したのが「雑木の庭」。
春の芽出し、初夏の花と新緑、秋の紅葉や木の実と、四季の情景が身近で味わえます。
心地よい庭は、剪定によって作られるもの。その理由を紐解いてみましょう。

中庭を屋外のリビングに

三方を建物で囲まれた中庭に、サワグルミやアオダモで骨格を作り、アメリカノリノキ'アナベル'（アジサイの仲間）やヒメウツギの清楚な花が彩りを添えています。

初夏

コナラやモミジが左右から庭を包み、さわやかな緑陰が涼しい風を送る。

真紅のモミジと橙色に色づくコナラ、手前は黄色のアオハダと常緑のヒサカキ。

秋

外から見た庭の情景。モダンな外構に、小さな林が盛り込まれているよう。

都心の小さなオアシス

門を入ると、すっと澄んだ空気が流れ、林の中にいる気持ちになります。夏は清々しく、秋の紅葉も美しい。雑木の庭は都心の小さなオアシスのようです。

苔むした橋と
棚田状の池

住宅地にいることを忘れてしまいそう。井戸水が流れる小川の先には棚田を思わせる池があり、苔むした太鼓橋にヤナギやモミジが風情を添えています。

←小川の近くにはクレソンやセキショウなど、水辺を好む草花を植えている。

邸宅を包む
緑のスクリーン

コナラやヒサカキがスクリーン状に植えられた前庭です。植栽スペースは水や空気を通す透水石の石板で囲まれ、山中のイメージを再現しています。

→透水石の石板は苔むして、こんな大きな木が生えていても自然な情景に見せる。

山中の庵の景色を都心の自宅に

都心の駅近くとは思えない、繊細な緑に囲まれた水鉢のある庭。雪の重みで曲がった幹の雑木が植えられ、山中の庵のある庭に来ているように感じます。

←既存のカヤの古木を生かし、曲がったアオダモやアカマツで野趣のある印象に。木製のフェンスで全体を囲み、外側との区切りを美しく演出している。

↓敷地内の井戸水を汲み上げて水鉢に流している。ベニシダやセキショウで自然の水辺を演出して。

マンションの前庭を避暑地の木立に

駅から徒歩圏のマンションの入り口にある、軽井沢のホテルかと思うような前庭。たった数歩のアプローチですが、雑木の佇まいと下草が調和し、何度も行き来したくなる美しさです。

モミジやジューンベリーが緑陰を作り、アメリカノリノキ'アナベル'が白い花を咲かせている。下草はクサソテツやタマリュウ、ハランなど。

橙色のコナラと真紅のモミジの紅葉が織りなす、美しい秋の庭。自宅でモミジ狩りが楽しめる贅沢は、雑木の庭ならでは。

↓水鉢でも、コナラとモミジの葉の共演が楽しめる。水に映った紅葉の色彩も美しい。

真紅のモミジが散る水鉢

一歩庭に入ると、橙色に染まったコナラの姿に圧倒されます。水鉢を覗き込むように植えられた真紅のモミジがはらはらと散り、しっとりとした秋の庭に感動します。

初夏

バイカウツギ、アオハダ、コナラなどの雑木が岩を配した通路に沿ったスペースに植えられた、オープン外構の雑木の庭。

秋

紅葉したモミジ、黄色く色づいたバイカウツギなど、初夏とは違った趣を楽しめる。

毎日が別荘暮らしのように

2階の窓からも木立が見えるように、建物に沿って作られた細長い庭。家の中からも四季の変化がよくわかり、避暑地の別荘で暮らしている気分が味わえます。

古民家に調和する、小川が流れる庭

敷地の隅に流れる湧き水を引き込んで、庭の中にさらさらと流れる小川を作り、周囲に雑木を植えています。古民家を移築した建物に雑木の紅葉が映え、秋の美しさはひとしおです。

←ひび割れたコナラの幹の向こうに、橙色に色づいた葉が秋の景色を作っている。右下から左奥に向かって、湧き水を引き込んだ小川が流れている。

庭の入り口から見えるモミジが、少しずつ黄色から赤に変化していく情景は、雑木の庭だからこそ。

なぜ剪定が必要か

幹の先端をブツ切りにした街路樹のケヤキ。幹中から細い枝が吹き出し、葉のつき方も密な部分と粗な部分に差がある。近年、こんな街路樹が増えている。

枝の先端部まで、しなやかに細い枝が連なる自然樹形のコナラ。こうして枝の先まで徐々に細くなるところに、本来の美しさがある。

本来、雑木は早く枝が伸びるもの

雑木林は、煮炊きの燃料として薪を生産するために植えられた人工林で、下枝や徒長した枝を日々切って使い、人の暮らしと共にありました。そこに植えられた木たちが、「雑木」と呼ばれています。

また、採光も風通しも十分ではない環境でも育つほど強健な樹種が多いため、よい生育条件を与えた場合、驚くほどのスピードで生長していきます。

ナチュラルで美しい樹形は剪定でつくる

自然な木の姿は、地面から垂直にすっと伸びる幹があり、枝は先に向かって細くなり、樹冠は枝に均一な光が当たるように広がっていきます。

近年多く見かける情けない街路樹では、太い枝の途中や幹がブッツリと途中で断裁されていますが、これは雑木本来の美しさを、著しく損なっています。

雑木のもつ楚々とした風情とやわらかい幹や枝振りを味わいたいなら、下枝を多めに払い落として枝数を減らし、葉の量を増やさないようにコントロールしていくことが必要です。

玉川上水を占拠した雑木を橋の中央から見たところ。真横から見るとサクラ
並木はほとんど見えず、雑木が山のように茂っている。水分が豊富で日当た
りも風通しもよく、刈られることがない場合、雑木を50年放置するとこうなる。

本来の
サクラ並木が
育たない

すべて
上水の内側に
勝手に生えた
雑木類

サクラが
すっきり見えて、
よく育っている

ほぼ水が見えて
風と光も
入るように

サクラ並木の保護と景観の原点回帰を目指して、上水の周りに伸びすぎた
雑木が伐採された。暗くうっそうとした上水の周囲は明るく風通しがよくな
り、サクラ並木がよく育ち、春には美しい花がたくさん咲くようになった。

剪定前と剪定後の違い

Before

- 枝が多く、茂って密集しすぎ。
- 傷んで茶色くなった葉がついている。
- 枯れた枝があり、葉も黄色くなっている。
- 枝が多すぎて風通しが悪い。
- 高さが伸び、枝も多くなりすぎ。

どこを切ったか、すぐわからないのが理想

　雑木の手入れの基本は、「木の幹を太らせず、庭全体のバランスを変えずに、さらさらした美しい枝振りを維持すること」です。また、風通しをよくして、株の中まで日が当たるようにすることも重要です。

　目指す理想の剪定のイメージは、「庭の全体がすっきり見えるようになったが、パッと見て、すぐにはどこをどう切ったのかがわからない」という状態です。上の2つの写真を見比べると、右側の剪定後では、庭全体の葉や枝の量が減って、軽やかになっているのがわかります。

先端まで自然に細く、しなやかに整える

　雑木を自然な枝振りに整えるには、枝をブツ切りにせず、幹から先端まで続くしなやかな流れを活かしたシルエットに整えることがポイントです。枝先が自然に細くなっているからこそ、さらさらと美しい緑陰が味わえ、雑木本来の魅力が発揮されます。

　枝や葉をたくさん伸ばしたままの状態で枝や葉が密集していると、雑木はどんどん生長します。木が早く生長しすぎると幹や枝がゴツゴツと太くなってしまい、さわやかな印象になりません。風通しもよくないので、病気や害虫も発生しやすくなります。

雑木の庭の構造や要素

落葉大高木
コナラ、イヌシデ、カエデ類など

雑木の庭の構造
雑木林の生態系を模して、建物の周囲に自然の景色をつくるのが雑木の庭。都心に住みながら、避暑地にいるような季節感を味わえる。外からの視線を植物でソフトに遮られるため、ストレスを感じることもない。

落葉中高木〜低木類
ナツハゼ、ガマズミ、カマツカなど

落葉低木またはつる性植物
アジサイ、ヒメウツギまたはブドウ、テイカカズラなど

被地類（グラウンドカバー）
ギボウシ、クリスマスローズ、タマリュウなど

常緑中高木
ヨシノスギ、サワラ、ヒノキなど

常緑低木類
ヒサカキ、ヤツデ、カルミアなど

常緑中高木
シラカシ、ウメバガシ、サザンカなど

自然の情景を写し取った庭

　雑木の庭を構成する主な要素は、雑木林の主役となっているコナラやイヌシデ、ナツハゼなどの落葉広葉樹です。花壇のように幾何学的な意匠のあるデザインではありません。限られたスペースでも雑木林の中のようにさまざまな樹種が共存し、自然の情景を感じさせます。

　マツやキャラなどの常緑樹を主役にした、「伝統的な和の庭」とは全く異なり、いわゆる「和の庭」にある「玉造り」や「ロウソク仕立て」、「刈り込み式の垣根」などは用いません。下草も整形式の花壇ではなく、雑木林の中のように自然に混在させます。

庭の骨格となる木にコナラ、アカシデ、モミジなどを植え、その間にアオダモやシロモジなどを配し、建物の手前にはヒサカキ、外側のフェンスにブドウなどのつる性植物を絡ませた、理想的な雑木の庭。

避暑地の山荘に住むような心地よさ

「雑木林に模した自然の風情を庭に写し取る」ことを信条とした雑木の庭では、建物の周囲で季節の息吹を感じられるため、家にいるだけで、避暑地に住んでいるような豊かな気持ちになれます。

大きな木が建物の周りを包むように取り囲むので、さわやかな緑と涼しい木陰が常に家中を満たし、一年中高原で生活しているかと思うほど、清涼感のある暮らしを楽しめます。

また、家が木々に取り囲まれているので、芽出し、花、緑陰、紅葉と、繊細な四季の移り変わりを、手の届く近さで感じられることが魅力です。

雑木の庭は季節感が魅力

サワグルミ、アオダモ、モミジが新緑を広げ、通路の側にはアジサイの仲間の'アナベル'が淡い緑色から白へと変わる花をたくさん咲かせている。

春から夏へ

ヒメシャラの白い花は、清楚な印象で美しい。

花が咲き、新緑がさわやかに展開

　雑木の庭の魅力は、四季の訪れと共に移り変わる木々の変化を、毎日近くで実感できるところです。春に咲く雑木の花は、黄色や白で可憐な花が多く、下草の芽吹きもドラマチックです。

　雑木の庭の快適さを実感するのが夏。さらさらと緑の葉が風にそよぎ、木陰は避暑地のような清涼感。水鉢があれば、ひんやりとした涼しさが漂います。

ドウダンツツジが楚々とした葉を広げ、クリスマスローズが咲くコーナー。

燃えるような紅葉が人気のドウダンツツジ。

アオダモは黄色く、ジューンベリーは橙色に、モミジは紅葉している秋の情景。カサカサと落ち葉が散る音も奥ゆかしい。

秋から冬へ

ひときわ赤いドウダンツツジの紅葉。奥にあるサワラの緑の葉が、ドウダンツツジの赤を引き立てる。

紅や黄色、橙色に染まる雑木

　秋の雑木の庭は、紅葉が見どころ。赤だけではなく、橙や黄色がモミジなどの赤い色を引き立て、錦のようなグラデーションと深みのある色彩美が生まれます。赤や黒に熟す実も魅力的です。

　また、常緑樹が背景にあると、さらに紅葉がくっきりと目立ちます。針葉樹の深い緑は、紅葉する木の後ろに植えると、舞台装置のような役割を果たします。

剪定がよい庭は年々魅力が増す

Before
造営直後

雑木の幹のラインが、植えて間もない初々しさを醸し出す。下草もまだ増えておらず、苔も生えていない。

雑木は剪定でコントロールする

　右ページの写真は、左ページの庭の約25年後です。幹の風格は増しましたが、樹冠の大きさや枝振りのしなやかさは大きく変わっていません。雑木は環境のよい庭で育てればどんどん幹が太くなり、樹高も大きく伸びるはずが、なぜこんなことができるのでしょうか。

　雑木の庭の完成直後は下草もまばらで、やや寂しい印象ですが、半年もすれば苔が生えて下草が適度に茂り、約3年で完成形になります。もちろん、水やりや除草、軽い剪定はしますが、本格的な剪定が必要になるのは3年後からです。

　雑木の庭は、造園することよりも、その後の剪定や管理が重要です。剪定の善し悪しにより、別の庭になってしまうことさえあります。

After
約25年後

さらさらと水が流れる水鉢の周りを、コナラやドウダンツツジ、ヨシノスギの緑がさわやかな夏の雑木の庭。

通路にも苔の緑が美しく、ヒサカキやコナラの幹が味わいを増している。シダ類やヤブコウジがグラウンドカバーに。

剪定と管理に用意したい道具

木バサミ（植木バサミ）

混み合った小枝を間引いたり、枝を付け根の際で切りたい場合は、刃の厚い剪定バサミよりも木バサミが使いやすい。

剪定用ノコギリ

ハサミでは切れない太い枝を切る。剪定用ノコギリは生木を切っても木くずが目の間に詰まらないように工夫されている。

軍手

枝やトゲで手を傷つけやすいので、必ず軍手やガーデン手袋などを着用する。ケムシなどの危険な害虫を触らないためにも役立つ。

地下足袋

狭い場所や植え込みの中にも入りやすく、脚立に乗っても安定感がある。先が割れていないブーツタイプもある。

よく切れて持ちやすいハサミを選ぶ

　道具の善し悪しは、手入れの効率と作業の快適さを左右します。機能的で自分の体にあったサイズの持ちやすいものを選ぶのがポイントです。

　剪定には、剪定バサミと、木バサミ（植木バサミ）、剪定用のノコギリの3つを揃えましょう。刃物類は、使用後に必ず樹液や泥などの汚れや水気をふき取ります。切れないハサミを使うと、手がすぐに痛くなり、体に負担がかかります。

　脚立は三本脚のものがおすすめ。狭い場所や植え込み内でも立てやすく、木の近くに固定しやすいです。植えつけや移植には、金属の刃の部分が細いスコップがおすすめで、力を伝えやすくて手入れも楽です。

　このほか、水やり用のノズルがついたホースがあるとよいでしょう。除草には三角カマが便利です。

小箒

細かい落ち葉や針葉樹の葉を取り除くのに便利。苔の上に落ちた葉や花を、苔を傷めずに集めるのにも効果的。

手箕(てみ)と小箒

トレーにもなる大きめのプラスチック製は、軽くてたくさん入り、チリトリの代わりにもなって汎用性が高い。小箒は、場所によって大きさを使い分ける。

移植ゴテとスコップ

両方とも、金属製で刃から柄までが一体になったものがおすすめ。移植ゴテは刃が細目のほうが使いやすい。スコップは先が尖って細めのものが根を切るときに便利。

薬剤散布の噴霧器

手押しポンプでタンク内の空気圧を高め、薬液をノズルに送り出す蓄圧式と、モーターでポンプを動かす電動式がある。タンクの容量は必要に応じた大きさを選ぶ。

箒・竹箒、竹竿

箒は竹製のほかに金属製や樹脂製の爪もある。爪の間隔が狭いものを選ぶ。竹竿は、高い位置にひっかかった切り枝を落としたり、落ち葉を払い落とすのに欠かせない。

脚立

三本脚のタイプなら狭い場所にも立てやすく、安定感があって持ち運びしやすい。実際に持って動かしたり、乗ってみて使いやすいものを選ぶ。

日常の管理（水やりと除草）

水やり

植えて数ヶ月たったコナラの株元。うっすらと苔が生えはじめている。

ジョウロで表面を濡らすだけの水やりでは、雑木の根には水が届かない。株元にホースでたっぷり水を注ぐ。

1本ずつ念入りに水をやる。株元の水がひいたら、また水を注ぐ。

除草

ハイノキの株元に生えた雑草が伸びてきた。

株元から直径1m以内の雑草を根から抜き取る。根を残すとすぐにまた雑草が生えてくる。

雑草を抜いたところは、足で踏み固めて平らにする。こうすると新たな雑草が生えにくくなる。

植えつけ後の1年が大切

　植えつけ後、最初の1年は水切れが禁物です。朝か夕方に、たっぷりと水やりします。ほかに何もしなくても、ぜひ、これだけはやってください。

　雑木の根は、草花より深く張るので、根鉢全体に届くように、しっかりと水やりすることが大切です。表面だけが濡れていても、根に届かずに枯れることがあります。サッと濡らすのではなく、根の深いところまで水を届けるつもりで、ゆっくりと水やりします。

　表面に緑の美しい苔を生やすには、適度な水分が不可欠です。早ければ3ヶ月くらいでうっすらと表面が緑色になってきます。落ち葉やゴミ、雑草は苔の生育を妨げるので抜きましょう。

2章

人気の雑木の決定版樹種カタログ

雑木の庭に似合う、
人気の木を集めて、
写真でわかりやすく紹介します。
雑木林に植えられていた
木のほかにも、
茶花として親しまれていた木や、
清楚な花が咲く花木、
木の実や小果樹なども含まれます。

落葉樹:48種
常緑樹:24種
針葉樹:8種
低木・灌木:20種

雑木に似合う下草図鑑:13種

落葉樹：48種

アオダモ 剪定はP60へ

モクセイ科　高さ10〜15m　名にある「青」は、雨上がりに樹皮が緑青色になり、枝を水に浸けておくと水が青い蛍光色になることなどに由来。成熟した樹皮には、白っぽい斑点模様ができる。

アオハダ 剪定はP61へ

モチノキ科　高さ10〜15m　外皮を剝ぐと緑色をしていることからこの名がある。樹皮が薄くて簡単に剝がれ、緑色の内皮が見える。葉は薄く、明るい緑色の卵形で、春に緑白色の花を咲かせる。

アカシデ 剪定はP62へ

カバノキ科　高さ15m以上　樹皮、枝、葉柄、紅葉、冬芽や花芽などが赤みを帯びているため、名に「赤」がある。仲間のイヌシデやクマシデに比べると、小型で枝振りもやわらかいため、庭にも使いやすい。

アズキナシ 剪定はP63へ

バラ科　高さ15m以上　木の姿がヤマナシに似ており、小豆のような実をつけるため、この名がある。5〜6月にガマズミに似た白く半球状の花を咲かせ、秋に小さな楕円形でくすんだ橙色の実ができる。

落葉樹

アブラチャン 剪定はP64へ

クスノキ科　高さ3〜5m　春に黄色の小花が固まって咲き、よくひこばえを伸ばして株立ち状になる。秋に熟す果実は丸いボール状で、実には油分が多い。昔、果実や樹皮の油が灯火に使われていた。

イヌシデ（ソロ）　剪定はP65へ

カバノキ科　高さ15m以上　葉の両面や葉柄に毛がたくさん生えているが、仲間のアカシデ、クマシデには毛がないため、区別できる。雄花は下垂し、雌花は緑色のホップに似た穂になる。

ウメ　剪定はP66へ

バラ科　高さ5〜10m　春には葉に先立って香りのよい美しい花が咲く。一重咲き、八重咲きがある。実は6〜7月に黄色く熟す。幹は暗黒色で、年数を経ると、不揃いな風格のある割れ目ができる。

エゴノキ　剪定はP67へ

エゴノキ科　高さ約10m　初夏に白い清楚な花が、枝いっぱいにぶら下がって咲く。日当たりを好み、日陰ではやや花つきが悪くなる。樹皮は灰褐色で、葉は小振りな明るい緑色。実に毒性がある。

落葉樹

カツラ 剪定はP68へ

カツラ科　高さ25〜30m　丸くハート形の葉は、新緑は黄緑色。秋に黄葉し、茶色くなって落葉するとキャラメルのような甘い香りがする。樹皮は暗灰褐色で、老木では縦に裂け薄片状に剥がれる。

カマツカ 剪定はP69へ

バラ科　高さ3〜7m　春には白い小花を半手まり状に咲かせる。鎌の柄に使うほど、しなやかで強靭な枝をもつのが名の由来。近縁種の西洋カマツカは枝が太めで果実が大きく、食用にする品種もある。

キブシ 剪定はP70へ

キブシ科　高さ2〜5m　果実を黒色の染料のフシ(五倍子)の代用にすることからこの名がある。春に葉に先立って淡い黄色のフジに似た花を長く垂れ下がるように咲かせる。雌雄異株。

'アフロディーテ'

クロバナロウバイ 剪定はP71へ

ロウバイ科　高さ1〜2.5m　株立ち状に茂り、香る濃緑色の葉、多数の花弁が集まったチョコレート色の甘く香る花が特徴。普通種は2〜3cmの小さな花だが、花径約6cmの華やかな花が咲く園芸品種もある。

落葉樹

コナラ 剪定はP72へ

ブナ科　高さ10〜30m　里山の代表的な樹種で、生長が速く、薪材に使われた。樹皮は灰黒色で、古くなると風格を増し、縦に不規則な裂け目ができる。秋にドングリが実り、葉は黄色から橙色に紅葉する。

シデコブシ

コブシ 剪定はP73へ

モクレン科　高さ8〜10m　集合果は無毛で、名は熟すと姿が握りこぶしに似ることから。春先に葉の展開に先立ち、枝先に芳香のある花を咲かせる。花の下に葉が一枚つくのが特徴。シデコブシは近縁の別種。

花ザクロ

ザクロ 剪定はP74へ

ミソハギ科　高さ5〜7m　樹皮は赤みがかった灰褐色で、夏に朱色の花が咲き、秋に球形の果実が実る。花を楽しむ花ザクロもある。短枝の先はトゲ状。熟すと実が不規則にひび割れ、中のタネが見える。

サルスベリ 剪定はP75へ

ミソハギ科　高さ5〜10m　夏中絶え間なく、フリル状に波打つピンク色の花を咲かせる。樹皮は赤褐色で滑らかに薄く剥げ、跡が帯褐白色のまだら模様になる。白花や紫色の花、紫葉などの園芸品種もある。

29

落葉樹

サンシュユ　剪定はP76へ

ミズキ科　高さ5〜8m　早春の花が少ない時期に株中が花で覆われるほど黄色い花を咲かせる。樹皮は灰褐色で、皮が剥がれた後は、淡褐色で細かい縦縞がある。成木は樹皮が剥がれると赤褐色になる。

ジューンベリー　剪定はP77へ

バラ科　高さ3〜5m　春に白い花をたくさん咲かせ、果実は6月に赤紫色に熟し、ジャムや果実酒にできる。樹高がコンパクトなもの、花がピンク色のものなど多彩な園芸品種があり、秋に橙色に紅葉する。

シラカバ　剪定はP78へ

カバノキ科　高さ10〜20m　若い木は幹が赤褐色だが、成木になると樹皮は白〜白褐色になり、薄く横方向に紙状に剥がれる。冷涼な気候のほうが育ちやすい。寿命が短く、80年程度まで。

シラキ　剪定はP79へ

トウダイグサ科　高さ5〜10m　樹皮は白が強い滑らかな灰白色で、林の中でひと際目立つ。初夏にクリーム色の花穂を咲かせ、秋には真っ赤に紅葉する。一つの枝につく葉の大きさがまちまちなのも特徴。

落葉樹

シロモジ・クロモジ 剪定はP80へ

クスノキ科　高さ2〜6m　繊細な枝ぶりで、共に枝や葉によい香りがあり、春先に黄緑色の小花を咲かせる。シロモジの葉は先端が3つに分かれて可愛らしい。クロモジに比べて樹皮が白いのでこの名がある。

ツツジ類 剪定はP81へ

ツツジ科　高さ1〜3m　ミツバツツジは標高の低いところに生える。春、葉に先立って薄紫色の花を咲かせる。葉は枝の先に3輪生する。ヒカゲツツジは常緑で、春に淡い黄色い花を咲かせる。

ツリバナ 剪定はP82へ

ニシキギ科　高さ2〜5m　開花時期は初夏で、小さく肌色の目立たない花を長い柄の先に吊り下げて、下向きに咲かせる。実は秋に熟すと5裂し、朱赤色の仮種皮に包まれた種子が、果皮片の先に吊り下がる。

ナツツバキ（シャラ） 剪定はP83へ

ツバキ科　高さ10〜20m　夏に咲く清楚で涼しげなツバキに似た白花から、ナツツバキと呼ばれる。灰褐色の樹皮がまだら状に剥がれ、赤褐色の滑らかな木肌が美しい。葉は秋に橙色に紅葉する。

31

落葉樹

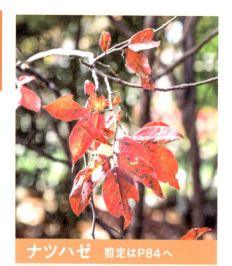

ナツハゼ 剪定はP84へ

ツツジ科　高さ1〜3m　若葉と紅葉が鮮やかな紅色になり、特に紅葉が夏から始まるので「夏から爆ぜる」という意味の名がつけられた。初夏に壺型の花が下向きに連なって咲き、秋に濃紫色に熟する。

ホザキナナカマド

ナナカマド 剪定はP85へ

バラ科　高さ6〜10m　春から夏にかけて、白い穂状の花が咲き、秋には赤く実が熟す。とても燃えにくいことから名がある。冷涼な気候を好むため、温暖地では別属のホザキナナカマドがおすすめ。

ネジキ 剪定はP86へ

ツツジ科　高さ1〜3m　日当たりのよい山地に生える。幹によじれたような縦筋が入るので、この名があり、よじれは左巻きになる。初夏に白い壺状の花が多数咲き、枝から下垂して美しく咲く。

'ミナヅキ'

ノリウツギ 剪定はP87へ

アジサイ科（ユキノシタ科）　高さ2〜3m　樹皮が粘液を含み、製紙用の糊に使われたのでこの名がある。園芸品種に、全部の花が装飾花となった'ミナヅキ'がある。7〜8月に大きな円錐状の花を咲かせる。

落葉樹

バイカウツギ 剪定はP88へ

ユキノシタ科　高さ2〜3m　香りのよい純白の4弁花を枝先に咲かせ、セイヨウバイカウツギとその交雑種が多く流通する。育てやすく華やかな花が多数つき、切り花でも人気がある。

セイヨウバイカウツギ（八重咲き）

ハナイカダ 剪定はP89へ

ハナイカダ科（ミズキ科）　高さ2〜3m　葉の上側に直接、小花が咲く様子を筏に例えた。雌雄異株で、雌花は通常1花、雄花は数個の花が咲く。若い枝は緑色で、やがて樹皮は縦に裂けて褐色の縞模様が入る。

ハナカイドウ 剪定はP90へ

バラ科　高さ5〜8m　枝先に紅色の花が、4〜6個、サクランボのように垂れ下がって咲く。一重咲き、八重咲きがある。幹は灰色で枝に変形したトゲが生えることも。リンゴの仲間で、リンゴの受粉樹にもなる。

ハナミズキ 剪定はP91へ

ミズキ科　高さ5〜10m　花がきれいなミズキという意味の名。花に見えるのは総苞で、中央部の先端が内側に凹むのが特徴。仲間のヤマボウシは先端が尖る。斑入り葉や赤花など園芸種が多い。紅葉も美しい。

落葉樹

ハナモモ　剪定はP92へ

バラ科　高さ5〜8m　花を観賞するために改良されたモモ。春に白〜濃紅色の芳香がある花が咲く。樹形には立ち性、枝垂れ性、ほうき立ち性などがあり、八重咲きや菊咲きなどの変異がある。

ヒメシャラ　剪定はP93へ

ツバキ科　高さ5〜8m　シャラノキと呼ばれるナツツバキより、葉も花も小さいため「姫」が付けられた。樹皮はなめらかで赤褐色。表皮が鱗片となって剥がれ落ちる。秋には橙色に紅葉する。

ブルーベリー　剪定はP94へ

ツツジ科　高さ1.5〜3m　育てやすい果樹。ドウダンツツジに似た白い小花が咲き、完熟した果実は生食でもジャムにしてもおいしい。同時期に開花する2品種を植えると結実しやすい。紅葉も美しい。

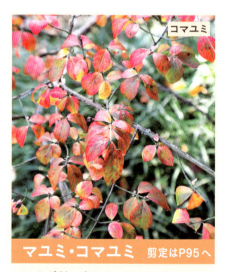

マユミ・コマユミ　剪定はP95へ

ニシキギ科　高さ2〜10m　共にニシキギの仲間で、初夏に小さな緑色の目立たない花を咲かせる。マユミは枝にコルク質の翼が4枚あるが、コマユミは小型で翼がない。育てやすく、紅葉も鮮やかで美しい。

落葉樹

マルバノキ 剪定はP96へ

マンサク科　高さ3〜5m　名はハート形の丸い葉の形に由来。赤紫色の小花を秋に咲かせ、紅葉も美しいため、別名をベニマンサクとも呼ばれる。葉は緑色で裏は灰緑色。幹は比較的細く、株立ち状に横に広がる。

マンサク 剪定はP97へ

マンサク科　高さ5〜10m　早春に先駆けて「まず、咲く」ところから名がある。濃い黄色の糸状に細い花は強い香りで、木の全体が黄色くなったように見える。葉は左右非対称で、ユニークな形。秋に黄葉する。

ムクゲ

ムクゲ・フヨウ 剪定はP98へ

アオイ科　高さ2〜4m　半耐寒性で暖地を好む。夏の間中、花を絶え間なく咲かせる。フヨウはよく枝分かれして横にも枝がよく茂るのに対し、ムクゲはすらっと直立した樹形になり、やや高さもある。

メグスリノキ 剪定はP99へ

ムクロジ科(カエデ科)　高さ10〜20m　樹皮を煎じて、洗眼薬に使ったことからこの名がある。樹皮はなめらかな灰色で、葉は切れ込みがなく、3出複葉となる。秋の紅葉は鮮明で紫を帯びた赤で美しい。

落葉樹

近縁種のハクモクレン

モクレン類　剪定はP100へ

モクレン科　高さ3〜15m　春に濃い紅色から桃色の大きな花を上向きに咲かせ、強い香りを放つ。葉は大きな倒卵型で粗い毛がある。白花のハクモクレンは近縁種で10〜15mの大型になり、葉に先立って開花。

イロハモミジ

モミジ類　剪定はP101へ

ムクロジ科（カエデ科）　高さ20〜30m　代表的なイロハモミジ、変種のオオモミジやヤマモミジ、ハウチワカエデ、コハウチワカエデなどがある。陰樹で、初夏の新緑から秋の紅葉まで見どころがある。

シダレヤナギ

ヤナギ類　剪定はP102へ

ヤナギ科　高さ5〜15m　代表種はシダレヤナギで、枝が波打つウンリュウヤナギ、大きな白い花穂のフリソデヤナギなどがある。多くは川の近くなどの湿地を好むが、山地を好むものもある。

ヤマコウバシ　剪定はP103へ

クスノキ科　高さ約5m　やや厚く、明るい緑色でマット質の葉に灰褐色の幹をもつ。葉を揉むと芳香が出るのでこの名がある。枯れた葉が冬でも落葉せずに枝に残るが、新芽が出ると落ちる。

落葉樹

ヤマボウシ　剪定はP104へ

ミズキ科　高さ5〜10m　初夏に雪が降ったように白い花が咲く。秋に熟す果実は甘く食用になる。実の大きな'ビッグアップル'、落葉しない'ホンコンエンシス'、斑入り葉の'ウルフアイ'などの品種がある。

リキュウバイ　剪定はP105へ

バラ科　高さ2〜4m　春に咲く白く清楚で華やかな花が魅力で、千利休ゆかりの名であるため、茶花によく使われる。葉は長楕円形で薄く、裏面は粉白色。葉と花がほぼ同時期に展開する。樹形は不整形。

リョウブ　剪定はP106へ

リョウブ科　高さ3〜15m　幹肌が美しく、樹皮が薄く剥がれて淡い茶褐色のまだら模様ができるので、床柱などにも利用される。夏にクリーム色の花穂がたくさんつき、秋は赤紫色に紅葉する。

ロウバイ　剪定はP107へ

ロウバイ科　高さ2〜4m　花弁が半透明のロウ質で、梅に似た花であることから名がある。樹は淡い灰色で株立ち状に茂り、葉は明るい緑色の長楕円形で、やや薄い。秋に実る種子は有毒なので、気をつける。

常緑樹：24種

斑入りアオキ

アオキ 剪定はP110へ

ミズキ科　高さ1〜3m　山地の林下に生え、耐陰性もある。春に咲く花は茶色で目立たないが、冬に色づく赤い実が庭のポイントになる。葉はつややかで、美しい斑入りの園芸種が多く、日陰の庭を明るく演出する。

アケボノアセビ

アセビ 剪定はP111へ

ツツジ科　高さ1.5〜2.5m　春に小さな壺型の花が多数咲く。午前中に日が当たる半日陰を好む。日陰にも耐えるが花数は減る。育てやすく生長が穏やかで樹形が乱れにくい。北風が当たらない場所に。

イヌツゲ 剪定はP112へ

モチノキ科　高さ1〜8m　ツゲの名があるが、ツゲ科ではなくモチノキの仲間で、身近な林の中などに生える。斑入り葉や黄金色の葉をもつ園芸品種などが多数ある。刈り込みにも耐えるため育てやすい。

オリーブ 剪定はP113へ

モクセイ科　高さ2〜10m　乾燥や荒れ地に強く、コンテナや屋上でも育つ。日なたで育てる。温暖な気候を好み、寒冷地での露地栽培は難しい。自家不結実性のため、果実を実らせるには2品種を近くに植える。

常緑樹

カクレミノ 剪定はP114へ

ウコギ科　高さ3〜5m　湿り気のある樹林内や海岸近くに多く自生し、寒冷地での栽培は難しい。日陰でもよく育つことから、建物の北側の目隠しなどに重用される。つやのあるユニークな形の葉に特徴がある。

カラタネオガタマ 剪定はP115へ

モクレン科　高さ2〜5m　別名をトウオガタマともいい、春に咲く厚みのある花にバナナに似た強く甘い香りがある。暖地性で寒冷地の露地植えには不向き。北風が強く当たる場所では育ちにくい。移植に弱い。

'ピンクボール'

カルミア 剪定はP116へ

ツツジ科　高さ1〜5m　日なたから半日陰まで適応し、金平糖のようなつぼみが開くとパラボラアンテナのような花形になる。葉は小さく、枝が細め。花つきはよいが、咲かせすぎると隔年現象が起きやすい。

ハナユ

カンキツ類 剪定はP117へ

ミカン科　高さ3〜5m　温暖で日当たりのよい場所を好む。ユズやキンカン、ナツミカンなどが植えやすく、露地植えには関東以南の暖地が適する。つややかな葉とさわやかな香りの花や実が好まれる。

39

常緑樹

キョウチクトウ 剪定はP118へ

キョウチクトウ科　高さ2〜5m　大気汚染に耐え、防音効果も期待できるため、幹線道路の緑化に利用される。強健で育てやすい。花つきがよく、夏中絶え間なく咲く。一重のほか八重咲きもある。

キンモクセイ 剪定はP119へ

モクセイ科　高さ3〜6m　ギンモクセイの変種で秋にオレンジ色の小さな花が集まって咲き、強い芳香が特徴。日当たりを好み、日照条件が悪いと花がつきにくい。皮質で厚く硬い葉をもつ。刈り込みにも耐える。

シイ（スダジイ） 剪定はP120へ

ブナ科　高さ20〜30m　身近な里山の木として親しまれている。厚い皮質でつやのある深緑色の葉をもち、秋に実る渋みの少ないドングリは、煎ると食用になる。椎茸栽培用のホダ木として用いられる。

シマトネリコ 剪定はP121へ

モクセイ科　高さ10m以上　小さく濃い緑色でつやのある葉で、観葉植物としても使われる。耐寒性もあるが、寒冷地では寒さで葉が落ちる。萌芽力が強く、暖地では生け垣にも向く。丈夫で夏によく茂る。

常緑樹

アカボシシャクナゲ

シャクナゲ類 剪定はP122へ

ツツジ科　高さ2～3m　紅色～淡桃色などの花色が鮮やかで、春には枝先に球状の豪華な花を咲かせ、園芸品種も多数。革質で表面につやのある大きな葉をもつ。やや暑さに弱く、明るい半日陰を好む。

シラカシ 剪定はP123へ

ブナ科　高さ20m以上　関東ではポピュラーな里山の木。強健で耐陰性も強く、武蔵野地域では防風林などにも利用される。材質が灰白色であるところから、シラカシと名付けられた。

ソヨゴ 剪定はP124へ

モチノキ科　高さ3～7m　葉は革質でつやがあり、縁がなだらかに波打ち、こすれ合うと音が出るのが特徴。春に小さな白い花をつける。秋に熟す実は赤くて美しく、冬の間も楽しめる。

'リトルジェム'

タイサンボク 剪定はP125へ

モクレン科　高さ20m以上　葉は表面につやがあり、濃い緑色で裏面は褐色の毛が密集し、表裏の印象が異なる。雄大な樹形で、初夏に咲く花径約20cmの白い花は開くと盃形になり、甘い芳香がある。

41

常緑樹

八重咲きサザンカ

ツバキ・サザンカ　剪定はP126へ

ツバキ科　高さ5〜15m　表面に光沢があり、厚くて濃い緑色の葉と灰白色の樹肌をもつ。ツバキは2〜4月に花径4〜8cmと大きめの花を咲かせ、サザンカは小振りの花を10〜12月に咲かせる。

トキワマンサク　剪定はP127へ

マンサク科　高さ10m以上　マンサクに似た白く紐状の花弁をもつ花を春に咲かせ、葉が常緑であることから名付けられた。濃いピンクの花で葉が暗紫色のベニバナトキワマンサクもよく使われる。

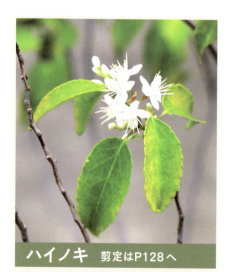

ハイノキ　剪定はP128へ

ハイノキ科　高さ5〜10m　枝や葉を燃やして染色に使う良質の灰をつくるために利用することから名付けられた。常緑樹とは思えない細くてさらさらとした葉が魅力で、初夏に枝先に咲く白い小花も美しい。

ヒサカキ　剪定はP129へ

サカキ科（ツバキ科）　高さ4〜10m　サカキの代用に使われ、混同されがちだが、葉はサカキのほうが大きく、幅が広い。ヒサカキには葉に鋸歯がある。代表的な常緑の雑木で、半日陰のポイントに。

常緑樹

ベニカナメモチ　剪定はP130へ

バラ科　高さ3〜10m　流通しているのは中国原産のオオカナメモチと交雑した品種の'レッドロビン'で、新芽が鮮やかな紅色になる。丈夫で萌芽力あり、刈り込みにも耐えるため、よく植えられている。

マサキ　剪定はP131へ

ニシキギ科　高さ3〜5m　葉はつやややかな楕円形で、縁に緩やかなギザギザがある。つやのある美しい葉をもち、半日陰にも耐える。黄金葉種をはじめ、さまざまな斑入り葉を持つ園芸品種がある。

モチノキ　剪定はP132へ

モチノキ科　高さ5〜10m　樹皮からトリモチをつくることから名がついた。春に緑色で集まって咲く花は、小さくてあまり目立たない。葉は濃い緑色で、厚い皮質が緩く波打ち、長楕円形。

モッコク　剪定はP133へ

サカキ科（ツバキ科）　高さ5〜15m　樹皮は灰淡褐色で、樹皮から茶褐色の染料を取る。葉は厚く長楕円形で、新葉は黄緑色から濃い緑色になり、光沢がある。放任しても、比較的樹形が整いやすい。

針葉樹：8種

アカマツ 剪定はP136へ

マツ科　高さ30〜35m　樹皮が明るい赤茶色なのが特徴。葉が細くやわらかいため、手で触れてもあまり痛くない。内陸部に多く自生する。やせた土壌でも生育し、マツタケの生産林でもある。

クロマツ 剪定はP137へ

マツ科　高さ15〜40m　海岸に自生し、樹皮は黒褐色で年を経ると亀甲状にひび割れるのが特徴。長寿や繁栄を象徴する縁起のよい木とされる。天橋立や三保の松原などの名勝地のマツとしても知られる。

イヌマキ 剪定はP138へ

マキ科　高さ20m以上　樹皮は灰白色で、縦に浅く裂け、薄く剥げる。葉は互生して密につき、先は鈍くとがり、革質で全縁、扁平な線形。丈夫で育てやすく、古くから庭木として人気がある。

カヤ 剪定はP139へ

イチイ科　高さ20〜35m　全体に独特の芳香があり、深い灰緑色で2列にならんだ葉は、触るとトゲのように痛い。カヤの木材でつくられた碁盤・将棋盤は最高級品とされる。実から採れる油は重用される。

針葉樹

キャラボク 剪定はP140へ

イチイ科　高さ1〜3m　葉や枝に香料の伽羅に似た芳香があることから名がある。イチイの変種で、生長が遅く、幹が低い位置から分岐して横に広がるのが特徴。雌雄異株で、雌株には赤い果実ができる。

サワラ

ヒノキ・サワラ 剪定はP141へ

ヒノキ科　高さ30〜40m　サワラはヒノキに比べて葉の緑色が明るく、枝振りもやわらかい。ヒノキはさわやかな芳香があり、古くから木材としても重用されている。庭木としてはサワラの園芸種が多く使われる。

ヨシノスギ 剪定はP142へ

スギ科　高さ30〜50m　濃い緑色の葉は光沢があり、幹はまっすぐ上に伸びる。耐陰性、耐寒性に優れ、強健で育てやすい。肥沃な用土で育てれば、花粉を大量に発生させることはなく、庭木としても扱いやすい。

'ゴールドライダー'

レイランドヒノキ 剪定はP143へ

ヒノキ科　高さ25m以上　イトスギとアラスカヒノキとの属間雑種で、通年緑色を保ち、コンパクトな円錐形の樹形にまとまるので、庭でも使いやすい。刈り込みにも耐える。黄緑色の葉の園芸品種もある。

低木・灌木：20種

アジサイ
剪定はP146へ

アジサイ科（ユキノシタ科）高さ1〜2m 梅雨に咲く手まり状の花が人気。仲間のアメリカノリノキ'アナベル'がおすすめ。

ドウダンツツジ
剪定はP147へ

ツツジ科 高さ2〜3m 春に白いベル形の花を多数咲かせ、秋は燃えるような紅葉が魅力。刈り込まずに自然樹形で楽しみたい。

ウグイスカグラ
剪定はP148へ

レンプクソウ科（スイカズラ科）高さ1〜3m 春にラッパ状で先が星のように開いたピンクの花を節々から吊り下げて咲かせる。

ガマズミ・ミヤマガマズミ
剪定はP148へ

レンプクソウ科（スイカズラ科）高さ2〜3m 初夏に半手まり状に咲く白い花が清楚で、秋の赤い実と紅葉も見どころ。

クチナシ
剪定はP149へ

アカネ科 高さ1〜2m 梅雨頃に芳香がある白い花を咲かせ、秋に赤い実をつける。実は黄色の染料としても利用される。

コデマリ
剪定はP149へ

バラ科 高さ1〜2m 春に枝を枝垂れさせて白い手まり状の花をたくさん咲かせる。強健で株立ち状に茂る。

コバノズイナ
剪定はP150へ

ズイナ科（ユキノシタ科）高さ1〜2m 在来のズイナよりも葉が小さいことが名の由来。茶花や生け花でも人気がある。

コムラサキ
剪定はP150へ

シソ科（クマツヅラ科）高さ1〜2m 初夏に枝の節々に淡いピンクの花が咲き、秋に紫色の小さな実が枝いっぱいにつく。

サワフタギ
剪定はP151へ

ハイノキ科 高さ2〜4m 山地の水辺に生え、沢を塞ぐほど茂るということから名がある。秋に光沢がある青い実が熟す。

シモツケ
剪定はP151へ

バラ科 高さ0.5〜1.2m 初夏から夏に小花を半手まり状に咲かせ、低く株立ち状に増える。茶花にも利用される。

低木・灌木

シロヤマブキ
剪定はP152へ

バラ科 高さ1〜2m
春に白い4弁の花を咲かせ、秋に黒い実を4つ1組につける。湿気を好み、西日や乾燥に弱い。

ジンチョウゲ
剪定はP152へ

ジンチョウゲ科 高さ1〜2m まだ寒い早春から強く甘い香りがある花を咲かせる。耐陰性がある。移植と西日、北風が苦手。

ダンコウバイ
剪定はP153へ

クスノキ科 高さ3〜7m 浅く2つの切れ込みが入ったユニークな葉で、クロモジの仲間。春に黄色い小花を咲かせる。

ヒュウガミズキ

トサミズキ・ヒュウガミズキ
剪定はP153へ

マンサク科 高さ1〜3m 早春の芽吹き前に、株一杯に黄色で釣鐘形の小花を吊り下げるように咲かせる。トサミズキは大柄。

ナンテン
剪定はP154へ

メギ科 高さ1〜3m
縁起のよい木として親しまれ、冬に赤く色づく実が正月飾りなどにも使われる。庭の点景にも似合う。

ニシキギ
剪定はP154へ

ニシキギ科 高さ2〜3m 赤い実と真紅の紅葉が魅力で、世界三大紅葉樹のひとつ。枝にコルク質の翼が四方につくのが特徴。

ヒメウツギ
剪定はP155へ

アジサイ科(ユキノシタ科) 高さ0.5〜1m
小型のウツギの仲間で、低く垂れ下がるように株が茂り、丈夫で扱いやすい。

クサボケ

ボケ・クサボケ
剪定はP155へ

バラ科 高さ1〜2m
ボケは花色が濃朱色で枝が立ち上がって樹高が約2mまで伸びるが、クサボケは朱色の花で枝が横に広がる。

ヤマブキ
剪定はP156へ

バラ科 高さ1〜2m
「山吹色」の語源になった美しい花を咲かせ、しなやかな枝が多数出る。八重咲きの園芸種が人気。

ユキヤナギ
剪定はP156へ

バラ科 高さ1〜2m
春に雪が降ったように小花を咲かせ、枝がシダレヤナギに似るのが名の由来。強健で株立ち状に増える。

雑木に似合う下草図鑑 13種

コナラやモミジなどの周囲は半日陰になることが多いので、木漏れ日の当たる場所で育ちやすい草花がおすすめです。

ギボウシ
斑入り種は、半日陰を明るく見せる。花も美しい。

ベニシダ
新芽が赤くなるのが特徴。夏には緑色になる。

クリスマスローズ
春先から長期間開花。白やピンクの花がおすすめ。

スイセン
早春に甘い香りを漂わせる。毎年咲くのも魅力。

ホトトギス
タイワンホトトギスの系統は、丈夫でよく咲く。

クサソテツ
モダンな草姿で木陰によく似合う、シダの仲間。

ノコンギク
明るめの半日陰に。秋に楚々とした花を咲かせる。

フッキソウ
耐陰性が強く、半日陰のグラウンドカバーに適する。

テッポウユリ
夏に白い花を咲かせる。明るい半日陰で増える。

シュウメイギク
秋に咲く丈夫な宿根草。明るい半日陰を好む。

シュウカイドウ
半日陰で湿り気を好む。秋咲きでベゴニアの仲間。

タマリュウ
耐陰性があり、丈夫で傾斜地の土留めなどにも。

ヤブミョウガ
夏に咲き、半日陰でやや湿り気がある場所を好む。

3章

雑木100種 樹種ごとの剪定のコツ

木には、その樹種独自の生え方や枝の伸び方、出やすい不要な枝などのクセがあります。その木独特の特徴やクセを捉え、シルエットをわかりやすいイラストに集約して、剪定のイメージトレーニングができるように解説を加えました。

[剪定する時期の季節表記]
本書では、いつ剪定するかについての季節の表記について、
主に3月、4月、5月に作業する場合…春の剪定
主に6月、7月、8月に作業する場合…夏の剪定
主に9月、10月、11月に作業する場合…秋の剪定
主に12月、1月、2月に作業する場合…冬の剪定
としました。
また、5月、6月、7月に作業する場合…初夏の剪定
としています。

*剪定の図では、切り取る枝をオレンジ色で示しました。
特に注意する箇所には、緑色のカット線と引き出し線を入れて、切り方のポイントを示しました。

剪定と管理の年間スケジュール

落葉樹の年間管理

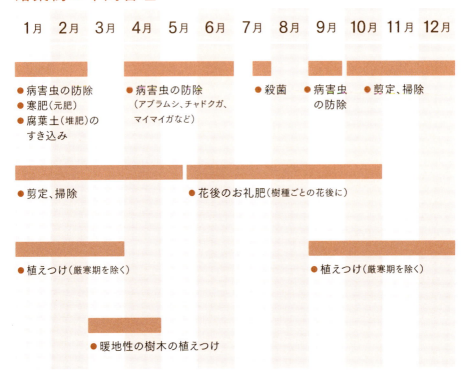

落葉樹は晩秋から冬と初夏に剪定

　多くの落葉樹は、晩秋から冬の落葉期に剪定して樹形を整えます。この時期は1年分の生長を予測し、樹種ごとにコントロールするのが目的です。

　全体の1/3〜2/5程度の枝を切り落としますが、切る位置や切り方は樹種によって異なります。

　また、冬は翌年の備えをする重要な時期です。植えつけや病害虫の防除など、手を抜くと春以降の生育に差が出るので、ていねいに行いましょう。

　初夏の剪定は、伸びすぎた枝や混み合った枝を切って間引き、調整するのが目的です。うっとうしいからといって伸びが止まる前に剪定すると、勢いよく枝葉が噴き出てくるので避けましょう。新芽や不定芽の伸びが止まったところで枝を間引き、葉数を調整すると、枝の太りを抑えられます。

常緑樹の年間管理

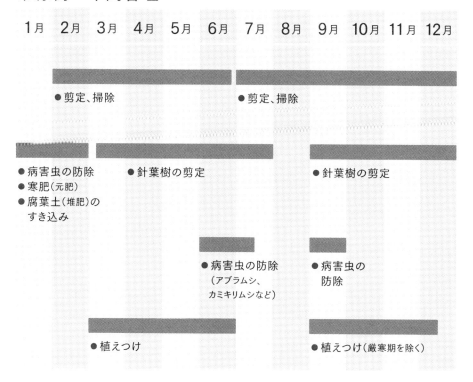

常緑樹は春から6〜7月と秋に剪定

　常緑樹は落葉樹より芽生えの時期が遅く、剪定は春から新葉が出揃う6〜7月頃に行います。枝を主幹の付け根で間引いて自然な樹形に整えます。また、寒さに備えて秋から厳寒期までに枝葉の数を減らします。

　常緑広葉樹には落葉樹より寒さに弱い樹種が多く、盛夏と厳冬期を除いた暖かい時期に植えつけます。

　針葉樹は、広葉樹より寒さに強い樹種が多く、秋から冬に剪定で樹形を整えます。芽吹く前から夏にかけて、翌年の生長を予測しながら、樹種ごとの伸び方を考えて大きさをコントロールします。

　シャクナゲやツバキなどの花を楽しむもの以外は、大きくなりすぎるので、あまり肥料は与えません。寒さに弱い樹種は、冬前に株元へ敷きワラや腐葉土を敷き詰めて保護します。

剪定する枝と残す枝

A 不要な切る枝
B 生かす大切な枝

A 徒長枝
1年で長く伸び出し、節間が間延びしている枝。

B ふところ枝
樹冠のふところ部に、あとになって発生した枝。

B 平行枝
同程度か、やや細い枝が、同じ方向を向いて伸び出ている。

A 内向き枝
途中から樹幹の内側を向いて伸びた枝。

A 車枝
幹や太枝の1ヶ所から、何本もの枝が車軸のように伸び出ている。早期に整理が必要。

A かんぬき枝
幹の同じ高さのところから、幹をはさんで対向している枝。対生枝ともいう。どちらかを整理する。

A 立ち枝
枝の途中から上向きに立ち上がった枝。ほかの枝と交差しやすい。

B 胴吹き枝
幹の途中から発生した枝。幹吹き枝ともいう。

A 下垂枝
下向き枝、下り枝ともいう。

B ひこばえ
根元周辺から発生した不定芽。ヤゴ吹きともいう。

活かす枝と切り落とす枝を見極める

　雑木の剪定でもっとも大切なポイントは、不要な切る枝と生かす枝を見極めることです。一般にいわれてきた庭木の剪定とは、生かす枝が異なります。強い木の生長を抑制し、枝の数や葉の数を増やさないことです。不要な枝を間引き、伸びすぎた枝を切り戻して、健全な生育を助け、木が大きくなりすぎないようにコントロールします。

　「忌み枝」とされている枝には、いろいろな種類があります。多くは残しておくと木の生育を阻害したり、枯れる原因になりますが、雑木の剪定では、これらの忌み枝のうち、切除するものと活かすものがあります。すっきりと整え、自然な姿を維持しましょう。

A 不要な切る枝

[主な切り落とす枝]

徒長枝
明らかにビョーンと飛び出して伸び、節間がほかの枝よりも広く、不自然に太いのが徒長枝です。放置せずに早めに付け根ギリギリで切ります。少し残すと噴くように小枝が出て来て、切り直すことになります。切り口の回復が心配なら、癒合剤を塗っておきます。

下垂枝
下向きにダランと垂れ下がるように伸び、ほかの健全に伸びている枝にあたります。落葉樹では、太い下枝から伸びることが多く、常緑樹では樹冠内部に発生します。多くはやや細めで枯れやすく、放っておくと傷んで病害虫の温床になるため、付け根から切ります。

車枝
1ヶ所を中心に噴き出すような小枝が出てしまう車枝は、不自然な向きで出た枝を全て、残さずに付け根から切ります。根本的な解決策として、その枝全体を主幹から切り落とすのも有効です。少し残すと不要な枝が勢いよく出るので、残さずに付け根で切ります。

[その他の切り落とす枝] 樹冠の内側に逆らうように伸びる内向き枝、ほかの枝にぶつかって垂直に伸びる立ち枝、左右対称に伸びるかんぬき枝などは、車枝と同様に樹冠内部の自然な流れを乱す不要な枝です。付け根から切りましょう。

B 生かす大切な枝

[主な生かす枝]

ひこばえ
従来の剪定の本では、ひこばえは切ると書いてあることが多いのですが、しなやかな自然樹形に剪定するには、ひこばえを残して利用します。
低木や中高木で株立ち状に育つ樹種は、古く太くなった幹は地際で切り、下から出て来たひこばえを伸ばして、新しい幹として利用します。樹勢が強すぎるものと細く弱いものは切り、中庸の育ち具合で、姿のよいものを選んで残します。切る場合は、地際ギリギリで切らないと、切り口から細い枝が噴き出すことがあるので、残さずに地際で切ります。

胴吹き枝
株元からひこばえが生えにくく、一本立ちになりやすい高木類の樹種で、主幹を低く切り戻したいときには、幹の下方1/2〜2/3の位置あたりから伸びてくる胴吹き枝を活かします。主幹を胴吹き枝の付け根で切り落とすと、上に向かって徐々に立ち上がります。ただし、明らかに伸ばしても利用できない胴吹き枝が伸びた場合は、幹の付け根から残さず切り取ります。

[その他の生かす枝] 平行枝やふところ枝を含め、主幹や太い枝の周りに出た枝は生かします。主幹を低く仕立て直したいときや横枝が古く太くなったとき、その下から細い横枝が出ていたら活かし、古い横枝を切って更新させます。

自然な樹形を保つコツ

落葉樹を自然な樹形に整える冬の剪定（モミジ類）

モミジの自然樹形
横枝の間隔が混み合わず、先端までしなやかな枝が細くなっていくシルエットが理想的な姿。

上部に出やすい立ち上がる徒長枝は、付け根の際から切り落とす。

樹冠内部で横に張り出した徒長枝を、幹の付け根で切る。

古くて太くなった枝を、幹の付け根で切り取る。

葉の数を増やさず、幹を太らせない

　雑木の庭の骨格をつくる落葉樹は、コナラのように生長するスピードが比較的速いものが多く、そのまま健やかに育つとぐんぐん幹が太くなるため、樹冠もすぐに大きくなっていきます。

　しなやかな細い幹の状態を維持するには、木を太らせないことです。それには栄養分をつくる葉を増やさないことが重要なポイントです。

　木全体の葉の枚数を増やさないためには、枝ごと、葉を切り落とすのが効率的です。しかし、枝の途中から先端だけをブツ切りにしてしまっては、自然な枝振りからはかけ離れてしまいます。

　しなやかな枝を残したまま、一定の生長ペースで雑木を維持するには、枝を間引くように、毎年全体の1/3程度の枝を剪定していくことがとても大切です。

常緑樹・針葉樹を自然な樹形に整える春の剪定(サワラ)

サワラの丁寧に剪定した樹形
幹の美しさを見せながらも、枝を適度に間引き、全ての枝が細くしなやかな状態が理想的な姿。

頂部には細かい枝が混み合って伸びやすいので、付け根から切る。

樹冠内の細くて弱い枝や混み合った枝を、付け根で切り取る。

枝の間が混み合っている箇所を、幹の付け根から間引いて切る。

横枝が密になる樹種は、枝数を減らす

　木の種類によって枝の出方が異なりますが、幹から横枝が出やすい常緑樹や針葉樹などは、古くなった横枝を幹の付け根から間引くように切り落とすと、間引いた枝と一緒に、その枝についていた葉も落ちるので、効率よく葉の数を減らすことができます。

　切り落とすべき枝の量は、樹種によって異なりますが、常緑樹は落葉樹よりも葉がある期間が長い分だけ生育が速いため、全体の2/3〜1/2くらいまで切り落とすと、樹冠内部が蒸れて傷むことがなく、すっきりとしたシルエットに剪定できます。

　高さが伸びすぎてしまったときは、低い位置から伸びた胴吹き枝を主幹に立て直し、切り戻して低くて新しい幹に更新させます。ひと回りスリムで風通しのよい状態に整えられたら、剪定は成功です。

枝の切り方のポイント

◯ 太い枝の切り口を傷めない切り方

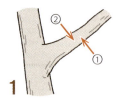

1 まず①のように下から⅓くらいノコギリを入れ、次に②の位置にノコギリを入れて、大きな枝を落とす。

2 大きく枝を落としたところ。次は破線の位置で切るようにイメージする。

3 残った部分を③のように下から⅓くらいノコギリを入れ、次に④の位置にノコギリを入れて、付け根ギリギリで切り落とす。

4 切り口には癒合剤を塗って保護しておく。

✕ 太い枝のよくない切り方

上から切ると枝の重みで垂れ下がる。

一度に切ろうとすると樹皮が大きく裂けてしまう。

知っておきたい「枝を切る手順」

　長袖、長ズボン、帽子、地下足袋か滑らない運動靴、軍手か園芸用の手袋を着用します。襟元にタオルを巻くと、落ち葉や切りかすが入るのを防げます。

　手を付ける前に木の全体をよく観察し、どの枝を切るかをじっくりと判断します。主幹を切り戻したり、地際から幹を切る場合は、最初に行います。次に残す主幹から伸びる不要な太い枝を間引き、その後、中程度の太さの枝を剪定しますが、ここまではノコギリでの作業です。最後にハサミを使って小枝を切ります。

　枝先の小枝を切るのは、上から下へと進めます。逆にするときれいに整えた下方の枝に上からの切りかすが降り積もってしまい、二度手間になります。丈の高い木を切るには脚立やハシゴを使います。ハシゴはロープで木の幹に固定して作業します。

自然な樹形にするために切る位置は?

不要な枝を付け根から落とす。
残す枝から自然に伸ばしたライン上の付け根からギリギリの位置で切る。

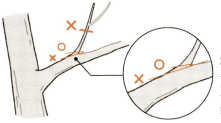

枝は途中から切らない
剪定する場合は、枝の途中でブツンと切ってはいけない。急に勢いよく細かい枝が噴いてしまう。

浅くても深くてもダメ
刃を入れる位置が深すぎると、樹皮が欠けてしまうので回復が遅く、切り口から病原菌が入ることもある。

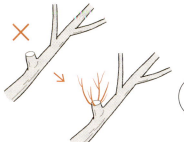

切り残しは樹形を乱す
付け根で切らずに少し残してしまうと、残った部分から小枝がいっせいに噴く。こうなったら適期に切り直すしかない。

付け根で切ると切り口が回復しやすい
周囲の樹皮が伸びて、すぐに切り口を覆い、早く回復する。凸凹がないだけでなく、さらに切った箇所がわからなくなる。

太い枝もギリギリで切る
横から見ても、そこに枝があったのかがわからないくらいに、残さず枝を落とす。太い切り口には癒合剤を塗っておくとよい。

枝の付け根から切り、途中からは切らない

　自然な樹形を活かした剪定をするなら、「枝は途中で切り落とさず、付け根ギリギリで樹皮に沿って切る」ことが重要です。枝の途中でブツンと切れば、すぐに枝が噴き出すように出て、姿が乱れます。

　美しい自然な樹形をつくる剪定の最大のポイントは、残す枝から自然に伸びるライン上で、付け根から続く樹皮のギリギリの位置で切ることです。

　切る位置が深すぎると樹皮の一部が欠けてしまうので、切り口が塞がりにくくなります。また、枝の数を間引くときも、主幹などを切り戻すときも、すべて同じ考え方で行います。これさえマスターすれば、自分の庭を自分の力で美しく手入れできます。

　作業はよく研いだノコギリを使うと、切り口の細胞を損なわないので、樹皮の傷が早く塞がります。

落葉樹の剪定の基本

毎年、古くなった枝を間引き、数年で新しい主幹に更新する

幹の美しさと木陰を楽しむ落葉高木類。下からひこばえは出にくいが、胴吹きは比較的出やすいので、数年に一度、古くなった主幹を低い位置から伸びた胴吹き枝に更新させて自然な樹形を保つ。

リキュウバイ
白くて華やかな花がたくさん咲き、春の庭が明るい印象に。どんな庭にも似合う。

ツリバナ
ベージュのかわいい花がイヤリングのように吊り下がる。秋には赤い実が割れてオレンジ色のタネが見える。

さわやかな緑陰で庭の骨格をつくる木

落葉樹の花は、ツリバナのように清楚な印象のものが多く、人間の視線からやや離れた位置で咲くため、サルスベリのように鮮やかな花がたくさん咲くもの以外は、あまり目立ちません。コナラやモミジのように幹や枝振りが味わい深く、葉が木陰を演出して庭の骨格を形成するグループです。

建物から見えるくらいの近さに植えて、家の中から眺めると、木立の中にいるような涼しさや、高原の別荘のような贅沢な気分を味わえます。

比較的生長するスピードが速いので、しっかり剪定する必要があります。作業に入る前にその木の性質や切り方を知っておき、60ページからの個別の樹種の生え方のイラストを見て、イメージトレーニングをしておきましょう。

サルスベリ
夏の間、艶やかなピンクや白の花を咲かせる。樹皮が剥がれて模様ができる幹肌も面白い。

「胴吹き枝」を活用する「主幹更新型」

　イヌシデやコナラは、このグループの代表的な生育パターンをもつ雑木のひとつで、手入れをしないと、樹高は10m以上にまで伸び、樹冠も大きく広がります。

　毎年横に張り出す胴吹き枝の中で、低い位置から主幹に沿って伸びているものを選んで残し、数年後に差し替えるために残しておきます。

　強く伸びた枝を⅓ほど、付け根から切ります。樹冠が大きくなったら、残しておいた新しい主幹に更新して、ひと回り小さな樹冠に整えます。

　花を楽しむ樹種は、前年伸びた枝に注意し、毎年の間引き剪定で隔年開花を防ぎます。伸びすぎたからといって半分以上の枝を一度に切ると、翌年の花が咲かなくなります。毎年間引き剪定すれば、放任して咲かせすぎて、翌年花が減ることもなくなります。

落葉樹

アオダモ
青梻

分類 モクセイ科　**落葉中高木／樹高** 10〜15m
花色 白／**実色** 褐色／**根** 深い／**生長** 遅い
日照 日なた〜半日陰／**乾湿** 乾燥
植えつけ 3〜7月、9月下旬〜11月

美しい幹肌と
しなやかな枝振りで人気

［特徴］　細くてしなやかな樹形で、人気がある樹種。枝を切って水に浸けると、水が青みを帯びるためこの名がつき、材質が堅いので野球のバットやテニスのラケットなどの材料としても有名です。コバノトネリコとも呼ばれ、初夏に白い穂状の花を咲かせます。

［用途］　味わいのある灰白色の樹肌と、やわらかく横に伸びる枝が美しいことから脚光を浴び、半日陰に植えても間延びした印象になりません。建物や通路の近くに植えると引き立ちます。

［剪定と管理］　葉は秋に黄色く色づきます。暑さには強いものの雪害などで折れることがあるので、株立ちがおすすめです。

　比較的生長が穏やかなので、通常の手入れは、横に張り出して伸びた枝を幹の際から1/3程度切り落とせば、しなやかさを保てます。数年に一度、幹吹き枝を活かして古くなった主幹を更新します。地際からひこばえが伸びたら選んで伸ばし、株立ち状に育てます。アリに根をかじられることがあるので注意します。

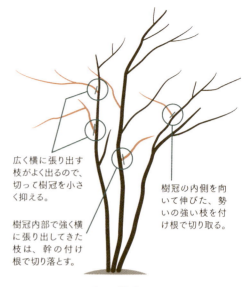

冬の剪定
張り出した枝を全体の1/3ほど、付け根から切る。
数年に一度、古い主幹を入れ替える。

夏の剪定
直線的に強く伸びる枝や立ち上がる枝を
切り落とし、しなやかな樹形に整えるのがコツ。

アオハダ
青膚

分類 モチノキ科　落葉中高木／樹高 10〜15m
花色 白／実色 赤／根 深い／生長 遅い
日照 日なた／乾湿 中間
植えつけ 10月中旬〜11月、2月下旬〜3月

4	5	6	7	8	9	10	11	12	1	2	3
葉の展開						紅葉					
	開花					果実熟期					
		剪定						剪定			

灰白色で斑状の樹皮が映える雑木

[特徴]　灰白色の薄い樹皮を剥ぐと緑色の内皮があるのが名の由来。寄木細工などの材料に使われます。樹皮が斑状になり、野趣が豊かです。雌雄異株で、秋に赤く熟する美しい果実を楽しむには雌株を植えます。葉は、秋に明るい黄色に変化します。

[用途]　コナラやモミジなどの骨格をつくる樹種の下に適し、庭のポイントになります。皮の模様がよく見えるように、建物の近くや通路の近くなど、目につきやすい場所に植えるとよいでしょう。

[剪定と管理]　半日陰に植えてもバランスよく伸びます。株立ち状に仕立てるのがおすすめで、主な剪定は冬に不要な枝を抜き取り、初夏には徒長枝を付け根で切っておきます。
　細い枝が多く、あまり早く伸びないので、全体の1/3程度の枝を抜くように落とし、先端まで自然に細くなる状態を維持するのが剪定のポイントです。目立った病害虫もなく、とても育てやすい木のひとつです。施肥はあまり必要なく、寒肥を少量与える程度にします。

冬の剪定
幹に表情があるのでよく見せ、太くなって強く伸びた枝を付け根から切ると自然な姿を楽しめる。

夏の剪定
伸びてバランスを崩しそうな枝を切り落とし、風通しよく整えるのがポイント。

落葉樹

アカシデ
赤四手

分類 カバノキ科　落葉中高木
樹高 15m以上／**花色** 黄緑／**実色** 褐色
根 浅い／**生長** 速い／**日照** 日なた〜半日陰
乾湿 中間／**植えつけ** 12〜3月

4	5	6	7	8	9	10	11	12	1	2	3
葉の展開						紅葉					
開花				果実熟期							
		剪定							剪定		

赤い新芽と紅葉が魅力、幹肌の割れ目が深い

[特徴]　紅色の新緑が美しく、山野の川岸などに生える平地林系の落葉中高木です。クマシデの仲間で、新芽が赤いことと秋に紅葉することが名の由来。雌雄同株で、4〜5月に葉の展開と同時に、前年枝に穂状の雄花序を、当年枝の先に雌花序をぶら下げます。

[用途]　幹に独特の表情があり、縦によじれたような味わい深い模様が出るので、建物の近くなどの目につきやすい場所に植え、コナラとの組み合わせが似合います。ケヤキに似ていますが、それほど生育が速くないので使いやすく、株立ちで魅力を発揮します。

[剪定と管理]　植えつけは12〜3月に行い、枝を間引く程度の整枝を12〜2月に行います。肥料を与える必要はありません。
　幹吹き枝が多く出るので、強く伸びた幹吹き枝を付け根から間引くように切り落とします。幹をよく見せたい木なので、下枝をほかの木よりも多めに切除し、毎年全体の3/5くらいを剪定して落とします。病気はほとんどありませんが、アリに根をかじられることがあるので注意します。

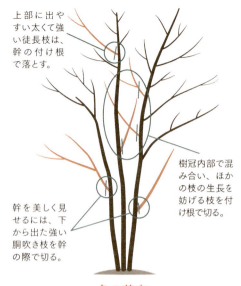

冬の剪定

幹を見せたい木なので、胴吹き枝が出たら下枝を切る。毎年全体の約3/5を付け根から切り落とす。

夏の剪定

混み合った枝先のボリュームを抑え、風通しをよくして涼しげな印象に。

アズキナシ
小豆梨

分類 バラ科　落葉中高木／樹高 15m以上
花色 白／実色 橙／根 深い／生長 遅い
日照 日なた〜半日陰／乾湿 やや湿潤
植えつけ 12〜3月

4	5	6	7	8	9	10	11	12	1	2	3
葉の展開						紅葉					
	開花		果実熟期								
		剪定					剪定				

表情のある葉と、小豆形でくすんだ橙色の実

［特徴］　小豆に似た形のくすんだ橙色で、ナシに似た白い皮目がある果実ができるのが名前の由来。仲間のナナカマドのように秋に熟します。若い枝にある目盛りのような皮目から、ハカリノメの別名があります。繊細で葉脈のよく見える可愛い葉も魅力です。

［用途］　葉や実が可愛らしく、庭のポイントになるので、よく見える場所に植えるとよいでしょう。ただし、強い日差しや西日が苦手なので、コナラなどを近くに植えて、その木陰になる場所を選びます

［剪定と管理］　涼しい山地に生える木で、比較的水分を好みます。冬の剪定は、不要な枝を抜き取る程度ですが、寒冷地向きのため、適宜、枝葉を間引いて風通しをよくします。
　西日が当たる場所は避け、夏は水切れしないように、朝夕にたっぷり水やりします。放置すると伸びるため、実が見えやすい高さに保つには、毎年全体の⅓程度を枝抜きしてボリュームを抑えます。枝は幹の付け根から切り取り、途中から切らないようにします。

冬の剪定
毎年全体の約⅓を付け根から切り落とす。
数年に一度、古い幹を切って主幹を更新する。

夏の剪定
混み合った枝を付け根から切り、樹冠内部の風通しをよくして、夏を涼しく過ごせる。

落葉樹

アブラチャン
油瀝青

分類 クスノキ科　落葉小高木／樹高 3〜5m
花色 黄／実色 茶／根 中間／生長 遅い
日照 日なた〜半日陰／乾湿 中間
植えつけ 2月下旬〜3月、10月中旬〜11月

4	5	6	7	8	9	10	11	12	1	2	3
葉の展開						紅葉					
開花						果実熟期				開花	
		剪定						剪定			

冬の剪定
強い徒長枝や混み合った枝を付け根で切り、
4〜5年に一度古い幹を切って更新する。

（図注）
上部に出やすい立ち上がる徒長枝は、幹の付け根で落とす。
横に張り出した強く太い枝は、付け根で切り落とす。
樹冠内部でほかの幹と交差する枝を付け根から払う。

やわらかい枝振り、春の花と晩秋の黄葉が魅力

[特徴]　山地の渓流沿いなどに自生。昔はタネから採った油を灯火に用いました。チャン（瀝青）とは船具などの防腐塗料を指し、その用途から名がつきました。しなやかな枝が伸び、黄色い花が早春に枝先や節々に固まって咲きます。

[用途]　コナラやイヌシデ、モミジなどの外側に植えると、やわらかい枝振りや秋の紅葉がよく見えるので、持ち味を十分に発揮します。繊細な枝振りに品があり、庭のアクセントになります。

[剪定と管理]　アリとテッポウムシに気をつけ、見つけ次第すぐに防除します。植えつけは根を切らないように行い、不要な幹は12〜2月に整理します。
　冬の剪定は、強く伸びた枝を幹から切り落とし、細くてやわらかい枝を残すのがコツです。幹が古くなりすぎるとゴツゴツするので、4〜5年に一度、古い幹を地際から切り取り、新しい幹と入れ替えます。
　夏の剪定は、徒長枝を付け根から間引く程度にとどめます。

夏の剪定
混み合って樹冠内部に伸びた枝は、
付け根から切って風通しをよくする。

（図注）
勢いのよい太い枝が立ち上がりぎみなので、付け根から切り取る。
周囲の幹を突き抜けて伸びる徒長枝は、幹の付け根で払い落とす。

イヌシデ（ソロ）
犬四手

分類 カバノキ科　落葉大高木／樹高 15m以上
花色 茶（雄花）緑（雌花）／実色 茶／根 浅い
生長 速い／日照 半日陰／乾湿 中間
植えつけ 2〜3月、10〜11月

4	5	6	7	8	9	10	11	12	1	2	3
葉の展開							紅葉				
開花			果実熟期								開花
			剪定							剪定	

春の新緑と夏の緑陰が涼しい、代表的な雑木

[特徴]　花穂の形が似ているシデの仲間のうち、新芽が赤いアカシデのような特徴がないので「イヌ」がつけられ、シロシデとも呼ばれます。幹が白く、ねじれたように樹皮に入る独特の筋目がきれいです。秋に葉は黄色く色づきます。ソロという別名もあります。

[用途]　1本立ちもよいのですが、株立ちの姿がよく、シルエットがケヤキに似るもののケヤキほどは生長が速くないのも人気の理由です。コナラの手前や通路から少し離れたところで、幹を見せると魅力的です。

[剪定と管理]　よく枝が出て、葉も多いので、冬の剪定では、下枝を中心に強く出た枝を幹の付け根から切り落とします。比較的生長の速度も速いので、枝は全体の3/8くらい、かなり多めに切り落とします。幹から伸びる枝も多く、数年に一度は低い位置から伸びてくる胴吹き枝のうち、あまり太くないものを選んで活かし、上の主幹を切り落として更新させると、ひと回り樹冠を小さく抑えられます。

　夏には枝を間引く程度の剪定をします。

冬の剪定
基本は毎年3/8程度、大きく伸びた枝を付け根から切り落とす。数年に一度、古い幹を切って更新。

夏の剪定
強く伸びる枝や混み合った枝を間引き、風通しよく整えるのがコツ。

落葉樹

ウメ
梅

分類 バラ科　落葉小高木／**樹高** 5～10m
花色 白、桃、赤／**実色** 黄／**根** 深い
生長 速い／**日照** 日なた／**乾湿** 乾燥
植えつけ 11～3月

4	5	6	7	8	9	10	11	12	1	2	3
葉の展開						紅葉			葉の展開		
果実熟期									開花		
剪定							剪定				

古くから親しまれる、香しい早春の花

[特徴]　早春の雰囲気を感じさせ、古くから花木として親しまれてきました。主に花を愛でる花ウメと、果樹として果実を収穫する実ウメがあり、園芸品種が多数あります。花色は白と赤、ピンクですが、白花種には、よい香りを放つものが多くあります。

[用途]　花を愛でるには、庭の入り口や通路の近くなどで、日当たりと風通しのよい場所を選びます。日陰に植えると花も実も楽しめません。枝振りが面白いので、庭のアクセントにしてもよいでしょう。

[剪定と管理]　野趣に富んだ樹形で、枝が鍵形に出ることが多く、そのままでも枝や幹が曲がって味わい深い姿になります。雑木の中でバランスの取れた自然な枝振りにするには、徒長枝を切って細い枝を残します。数年に一度、古くなった枝は幹の付け根から切り落とし、やわらかいラインにまとめます。

　病害虫でよく発生するのはアブラムシとカイガラムシです。冬の間にマシン油などを全体にまんべんなく散布すると、葉のある時期の被害が軽減できます。

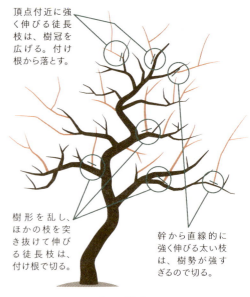

冬の剪定
幹の曲がり具合も独特。生長も速く、強い徒長枝がよく出るので、全体の2/3程度を多めに切る。

夏の剪定
花と実を楽しんだ後に、下の方の古くなった太い枝を間引き、新しい枝に更新する。

エゴノキ
斉墩果

分類 エゴノキ科　落葉小高木／**樹高** 約10m
花色 白、桃／**実色** 灰白色／**根** 深い
生長 速い／**日照** 日なた／**乾湿** やや湿潤
植えつけ 10～12月、2～3月

4	5	6	7	8	9	10	11	12	1	2	3
葉の展開							紅葉				
	開花	果実熟期									
			剪定			剪定				剪定	

枝から星が降るように、一面に小花が垂れ下がる

[特徴]　初夏に星形の小花を吊り下げて枝一面に咲かせ、花後に灰白色で楕円形の果実をつけます。果皮にエゴサポニンという有毒成分が含まれるのでペットが誤って食べないように注意します。樹皮が黒くて老木になると荒れてはがれます。

[用途]　雑木林や川辺に生え、株立ちになって清楚な佇まいです。花がよく見えるように、建物から少し離れたところや庭のポイントに植えると似合い、都心の住宅地で人気があります。

[剪定と管理]　樹勢がとても強いため、太い枝を切ると、幹の付け根ギリギリで切っても、切り口の周囲からたくさんの幹吹き枝が生えます。
　木が若いとき、または植えつけて間もない頃から少しずつ枝抜きし、太い枝を切らなくてもよいようにします。太い枝を切る場合は幹の付け根で切り、幹吹き枝が出たら、樹勢の弱いものを残してすぐに間引きます。花つきは劣りますが、半日陰に植えるとコントロールしやすくなります。

冬の剪定
全体の約½の枝を、木が若いうちから切り落とし、枝を太くしないのがポイント。

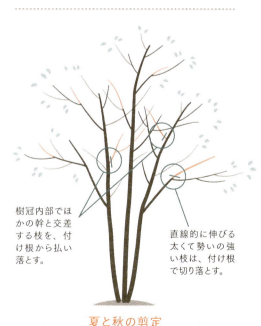

夏と秋の剪定
細い幹からのびのびとした枝を四方に伸ばすため、混み合いそうな下枝を払う。

落葉樹

カツラ
桂

分類 カツラ科　落葉大高木／**樹高** 25〜30m
花色 紅／**実色** 黒／**根** 深い／**生長** 速い
日照 日なた〜半日陰／**乾湿** 湿りがち
植えつけ 12月中旬〜3月上旬

芽出しが赤く、ハート形で香ばしい葉

[特徴]　ハート形の葉が風に揺らぐ姿が好まれ、紅葉の頃はキャラメルのような香ばしい匂いがする人気の木です。赤い芽出しから淡い緑色の新緑、秋に黄色く色づくまで、季節の変化を楽しめます。幹はまっすぐに伸びて、左右対称の端正な樹形になります。

[用途]　株立ちで育ち、庭の骨格になるだけでなく表情を演出するので、建物の近くなどのやや目立つところに似合います。しっとりした湿り気のあるところが好きです。

[剪定と管理]　夏の暑さにやや弱いほかは丈夫で、強い剪定にも耐えます。日なたから半日陰まで、よく育ちます。2月中旬と8月中旬〜9月上旬に、株元から少し離したところに少量の施肥をします。
　幹吹き枝が多く伸びてくるので、毎年½程度まで、強く伸びた枝を幹の付け根から切り落とします。生長が速く、樹高も伸びがちなので、数年に一度は主幹を切り戻し、低い位置から伸びてくる幹吹き枝を活かして更新させます。樹形を乱さないのがコツです。

冬の剪定
全体の½程度の枝を切り落とし、数年に一度、主幹を切り戻して低く抑え、新しい主幹に更新させる。

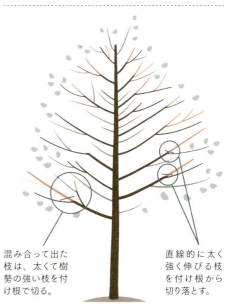

夏の剪定
強く伸びた枝や樹冠内部の混み合った枝を、付け根から切り取って風通しをよくする。

カマツカ
鎌柄

分類 バラ科　落葉低木／樹高 3〜7m
花色 白／実色 赤・茶／根 中間／生長 遅い
日照 日なた／乾湿 中間
植えつけ 11〜2月

花、葉、実を株立ちで楽しむ、使い勝手のよい木

[特徴]　春に小さな白い花を半手まり状に咲かせ、秋には長い柄のある楕円形の果実が熟します。近縁種の西洋カマツカには、果実を食用にする品種もあります。葉は先の尖った長楕円形で、秋に美しく紅葉します。鎌の柄に使うほど強靭なことが、名の由来です。

[用途]　山地の林縁に生えるので、庭の外側や縁などに適します。枝が斜上しながら立ち上がり、やわらかいラインで伸びるのが魅力で、庭の木立の中の点景や通路の際などに、ポイントで植えると似合います。

[剪定と管理]　不要な枝を抜き取る程度の剪定を、11〜1月に行います。株立ち状の樹形を生かして、野趣のある姿に。

　施肥は12〜1月と5〜6月ですが、あまり多く施すと野趣が損なわれるので、控えめに与えます。

　下からよくひこばえを出すので、剪定する際は適度な強さの伸びがあるものを数本選んで残します。古くなった幹を1〜2本、地際から切り取って新しい幹と更新させると、やわらかい枝振りを保てます。

冬の剪定
ひこばえをよく出して株立ちになるので、太い幹を地際から切り取り、新しい幹を残す。

古くなった幹は、2本程度を地際で切り取る。株の大きさによるが、目安は全体の1/3程度。

初夏の剪定
混み合って伸びたひこばえや強く張り出した枝を、付け根から切って風通しをよくする。

立ち上がって強く伸びる枝は付け根で切る。

適度な生育のひこばえを、数本選んで残す。強すぎるものと弱すぎるものは切る。

樹冠内を乱す強く横に張り出した横枝を、付け根から切り落とす。

落葉樹

キブシ
木五倍子

分類 キブシ科　落葉低木／樹高 2〜5m
花色 黄／実色 黄／根 深い／生長 速い
日照 日なた〜半日陰／乾湿 湿りがち
植えつけ 3〜4月

春の早い時期に
黄色い花穂が垂れ下がる

[特徴]　葉が出る前に、緑を帯びた黄色いフジのような花序を垂れ下げる姿が目を引きます。花は4枚の花弁からなる壺形です。果実を黒色染料のフシ（五倍子）の代用にすることから、この名が付けられました。枝はよく分岐して弓なりに伸び、雌雄異株です。

[用途]　枝が叢生して野性味のある姿になるので、庭の縁や雑木の間、通路の近くなどに植えると、花が引き立ちます。建物の中から花が見えるところに植えると、春の訪れを実感できます。

[剪定と管理]　3年くらい咲いた枝は、12〜3月に切り取って更新します。花後に施肥しますが、多すぎると枝葉ばかり茂って花が少なくなるので控えめに与えます。目立った病害虫はありません。

　緩やかなラインを描いて枝が伸びます。幹から立ち枝が出たら切り取ります。徒長枝も切り取り、全体の約⅔の枝を剪定します。株元からひこばえが出て来たら、うまく利用して数年伸ばし、古くなった主幹を地際から切り倒して、新しい主幹に更新させます。

冬の剪定
しなやかな枝を残し、立ち枝や徒長枝を⅔ほど切り取る。数年でひこばえを主幹に入れ替える。

夏の剪定
古い枝や混み合って伸びた箇所を付け根で切り落とし、風通しよく整えるとよい。

クロバナロウバイ
黒花蝋梅

分類 ロウバイ科　落葉低木／樹高 1～2.5m
花色 赤褐色／実色 褐色／根 中間
生長 遅い／日照 日なた～半日陰／乾湿 中間
植えつけ 2月下旬～3月、10～11月

シックな濃い花色で、まとまりやすい樹形

[特徴]　黒味のある赤褐色の花で、茶花として好まれます。ニオイロウバイとも呼ばれ、北アメリカ東部原産で、初夏に咲く花と枝にはイチゴに似た甘い香りがあります。育てやすくて暑さや寒さにも強く、日当たりから半日陰まで育てられます。

[用途]　まっすぐ伸びて細く素直な枝振りです。半日陰でも育ちますが、日当たりがよくないと花つきが悪くなるので、できるだけ明るい場所に植えます。通路の近くや庭のポイントに植えると引き立ちます。

[剪定と管理]　病害虫にかかりにくく、育てやすい木です。真夏に水切れすると、株が傷んで枯れ込むことがあるため、水切れしないように注意します。
　放任しても株や樹形は乱れにくく、樹高が高くなりすぎることもありません。枝もほっそりしていて株立ち状にまとまり、扱いやすい木です。古い枝は花が咲きにくくなるので、新しく出てくるひこばえを選んで伸ばし、幹を更新させます。株立ち状に育て、横に伸びた徒長枝は、幹の付け根から切り取ります。

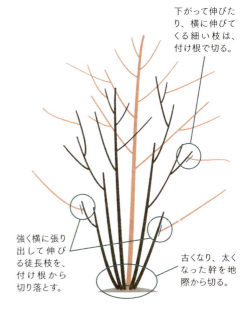

冬の剪定
古く太い幹を地際から切り、新しい幹を残して更新する。強い徒長枝は付け根で切る

夏の剪定
混み合った枝や立ち上がる枝を切り落とし、風通しよく整えるのがコツ。

落葉樹

コナラ
小楢

分類 ブナ科　落葉大高木／樹高 10〜30m
花色 黄／実色 茶／根 深い／生長 速い
日照 日なた／乾湿 乾燥
植えつけ 2月下旬〜3月、10〜11月

上部に出やすい立ち上がる徒長枝は、幹の付け根で落とす。

古くなって太くゴツゴツした下枝を付け根で切る。

樹冠内部で横に張り出した徒長枝を、幹の付け根で切る。

冬の剪定
徒長枝を幹の付け根から全体の約2/3切る。
数年に一度、低く切り戻して主幹を更新する。

四季の変化が味わい深い、「雑木の王」

[特徴]　芽吹きは銀色に輝き、初夏はさわやかな新緑、秋の紅葉まで、四季を通じて「雑木の王」というべき風情があります。雑木林を構成する代表的な樹種で、かつては薪を採るために頻繁に刈り取られました。果実は「ドングリ」として親しまれます。

[用途]　庭の骨格を構成する樹種です。浅い灰白色で細かい縦割れのある幹肌も素晴らしく、株立ちしたものは1本でも林のように見えます。幹の重なり具合が遠近感を演出します。

[剪定と管理]　生長が速いので、肥料は与えず、年間2回剪定したほうがコンパクトに仕立てられます。日なたで広い場所に植えると、どんどん大きくなるので、小さな庭で育てる場合は日陰に植えると制御しやすくなります。

　幹のラインを見せたい木なので、強く出た胴吹き枝を幹の付け根から切り取ります。全体の2/3程度まで多めに切ります。数年に一度は低い位置で切り戻すか、ひこばえを伸ばして主幹を更新します。

上部に出やすい立ち上がる太い枝は、幹の付け根で落とす。

直線的に伸びる太くて勢いの強い枝は、付け根で切り落とす。

夏の剪定
強く伸びる横枝や樹冠内の混み合った枝を、付け根から落とすのがポイント。

コブシ
辛夷

分類 モクレン科　落葉小高木
樹高 8〜10m／花色 紫、白／実色 赤
根 深い／生長 速い／日照 日なた
乾湿 中間／植えつけ 12〜2月

4	5	6	7	8	9	10	11	12	1	2	3
葉の展開						紅葉		葉の展開			
開花			果実熟期							開花	
剪定										剪定	

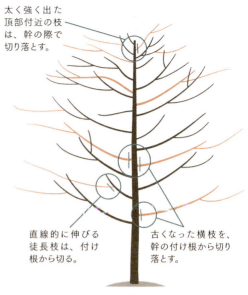

冬の剪定

枝や幹がまっすぐ伸びるので、徒長枝を中心に 2/3 ほど、幹の付け根から切り落とす。

天高く咲き、春の訪れを告げる花

[特徴]　コブシはモクレンの仲間では早咲きで、3〜4月の葉が展開する前に、さわやかな芳香がある花を咲かせます。花の下に小さな葉を1枚つけます。果実は集合果で秋に赤く熟し、その姿が握りこぶしに似るところから命名されました

[用途]　おすすめは別種のシデコブシで、コブシよりも丈が低く、花つきがよいので、どんな庭でも馴染みやすいです。花色がピンクのものはヒメコブシとも呼ばれ、花が美しい園芸品種もあります。

[剪定と管理]　成木は移植が難しいので、植え場所は十分吟味します。施肥は不要です。細かい胴吹き枝が出にくいので、剪定は不要な枝を抜き取ります。
　大きくしたくない場合は、ヒメコブシを選び、全体の約2/3の強く出た枝を、幹の付け根から残さずに切り落とします。葉の数を増やさないように、生長する分の古い枝を切ります。枝が直線的に伸びるので、途中で切るとゴツゴツした枝振りになってしまいます。必ず、幹の付け根で切り落としましょう

夏の剪定

強く伸びた徒長枝や、樹冠内部の混み合った枝を透かすように間引き、付け根から切る。

落葉樹

ザクロ
石榴

分類 ミソハギ科　落葉小高木／**樹高** 5〜7m
花色 赤・白・黄／**実色** 赤／**根** 深い
生長 速い／**日照** 日なた／**乾湿** 乾燥
植えつけ 12〜3月

裂けて赤い種子が見える果実と ゴツゴツした幹

[特徴] 花を観賞する「花ザクロ」と、果樹として実を収穫する「実ザクロ」、矮性で果実も小さいヒメザクロがあります。枝は細かく分かれ、短枝の先端はトゲがあります。初夏に咲く花は一重や八重咲きで、果実は秋に熟すと裂け、甘くて食用になります。

[用途] 花を愛でる場合も果実を楽しむ場合でも、日当たりと風通しのよい場所が適します。通路から少し離れた場所のほか、建物から見えるところもおすすめですが、トゲには気をつけましょう。

[剪定と管理] 太い枝から細かい短枝が多く出ます。徒長枝や、強く上向きに伸びる枝、木の内側に向かって伸びる枝を、付け根から切り落とします。
　日当たりや風通しが悪いとうどんこ病やカイガラムシ、アブラムシが発生するので、剪定で風通しや日当たりをよくすると病害虫も出にくくなります。胴吹き枝がよく出るので、低い位置から強すぎずに姿よく出るものがあれば残し、主幹を更新させます。ひこばえを1〜2本残して育て、数年で主幹に切り替えます。

冬の剪定
太い枝から細かい徒長枝が多く出るので、樹形を乱すものを全体の⅔くらい、付け根から切り落とす。

夏の剪定
徒長枝とひこばえを中心に、付け根から間引く程度に整えるのがポイント。

サルスベリ
百日紅

分類 ミソハギ科　落葉小高木／樹高 5〜10m
花色 白、桃、紅／実色 茶／根 深い
生長 速い／日照 日なた／乾湿 湿りがち
植えつけ 3月〜4月上旬

夏から秋へと長く咲き続ける花

[特徴]　開花期間が長く、百日間咲くといわれることから、ヒャクジツコウとも呼ばれます。美しいピンク色や白花、赤花を咲かせます。1株植えるなら、涼しげで花の数がバランスのよい白花種がおすすめです。樹皮は茶褐色で薄く剥げて、独特の模様となります。

[用途]　建物の近くや部屋の中からよく見える場所に植えると、幹肌の美しさと花を同時に楽しめます。日当たりが悪いと花数が減るため、よく日が当たる場所を選びましょう。

[剪定と管理]　花だけを楽しもうとして先端のみを切り続け、枝にコブをつくってしまうケースを多く見かけます。強い剪定はせず、徒長した枝を際から切って古い枝や乱れて伸びた枝だけを選び、全体の約½の枝を切り取ります。

自然に伸ばすと花が咲きすぎにもならず、優美な幹のラインと楚々と咲く花が楽しめます。数年に一度は幹吹きを活かし、古い枝を切って新しい枝に更新させます。施肥は1〜2月に行います。

冬の剪定
先端でばかり切るとコブができるので、伸びた枝を付け根から全体の½程度切る。

初夏の剪定
樹冠内部の混み合った枝を付け根から切り取り、風通しよく整えるのがポイント。

落葉樹

サンシュユ
山茱萸

分類 ミズキ科　落葉小高木／**樹高** 5〜8m
花色 黄／**実色** 赤／**根** ／**中間**／**生長** 速い
日照 日なた／**乾湿** 中間
植えつけ 12〜2月

株いっぱいに咲く黄色い花が、早春を告げる

[特徴]　葉が展開する前に、黄色い小花が手まり状に集まって、枝いっぱいにつきます。茶花や切り花でも人気があり、楚々とした花が咲く枝を愛でます。グミに似た楕円形で光沢のある果実をつけ、秋に真っ赤に熟すのでアキサンゴとも呼ばれます。

[用途]　庭の縁の日当たりのよい場所や、建物から少し離れたところに、花がよく見えるように植えると、春が来たことを感じられます。庭の入り口やポイントになる場所に植えると効果的です。

[剪定と管理]　枝が真横に近い方向に伸びるので、放置すると場所をとります。全体の樹形をひと回り小さくするように、数年に1回、花つきの悪くなった古枝を付け根から切って新しい枝に更新します。ひこばえや胴吹き枝がよく出るので、勢いが強すぎない、やわらかい枝振りのものを残して切り取ります。

　花後は新芽が伸び始めてから、混み合った枝や細くて弱い枝、枯れ枝を付け根から切ります。株の内側に光が当たるようになり、翌年の花つきがよくなります。

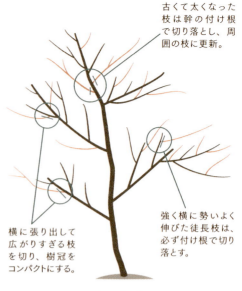

冬の剪定
横に広がるので、横張りの徒長枝を中心に、約⅓を切る。古い枝は、残したひこばえに更新していく。

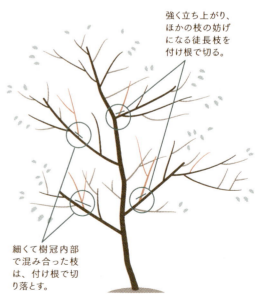

初夏の剪定
混み合っている枝や細くて弱い枝、枯れ枝などを付け根から切り落とす。

ジューンベリー
亜米利加采振木

分類 バラ科　落葉小高木／樹高 3〜5m
花色 白／**実色** 赤／**根** 中間／**生長** 速い
日照 日なた／**乾湿** 中間
植えつけ 3月中旬〜4月下旬、10月中旬〜11月

4	5	6	7	8	9	10	11	12	1	2	3
葉の展開							紅葉				
開花	果実熟期										
		剪定					剪定				

純白の花で育てやすく、赤く熟す実がおいしい

[特徴]　在来種のザイフリボクもありますが、流通するのは北米原産のアメリカザイフリボクで、ジューンベリーの名で普及する人気の樹種。葉は楕円形で、新芽や夏の緑陰はさわやか。樹肌はなめらかで、紫を帯びたチョコレート色。秋には橙色に紅葉します。

[用途]　春に清楚な白い花を枝一面に咲かせ、夏には赤くて甘酸っぱい果実が熟し、ジャムや果実酒にするとおいしくいただけます。育てやすく、どんな庭にも調和し、庭のポイントになります

[剪定と管理]　日当たりがよく、水はけのよい場所を好みます。12〜3月に少量の肥料を与えます。うどんこ病とアリに注意し、風通しのよい場所に植えましょう。
　細かい枝が多く出るので、混み合った樹冠内部の枝を付け根から切り落とし、やや細い枝を全体の1/2くらい残します。不要な幹や枝は、切り残しがないように、幹の際から切り取るのがコツ。数年に一度、低い位置で主幹を切り戻すと、樹高を低く抑えられます。

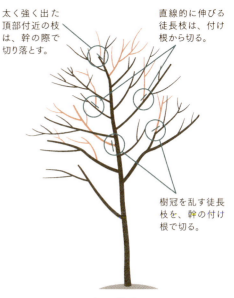

冬の剪定
枝が多く出るので、全体の1/2ほど付け根から切り、数年で主幹を低い位置で切り戻す。

夏の剪定
強く伸びた枝や混み合った部分は、風通しよくするために付け根で間引くように切り落とす。

落葉樹

シラカバ
白樺

分類 カバノキ科　落葉大高木
樹高 10〜20m／**花色** 黄／**実色** 黒
根 深い／**生長** 速い／**日照** 日なた
乾湿 中間／**植えつけ** 2〜3月

4	5	6	7	8	9	10	11	12	1	2	3
葉の展開						紅葉					
開花											
		果実熟期									
		剪定							剪定		

白くて質感のある幹肌が人気の木

[特徴]　皮が剥げたようにも見える、白くて独特の幹肌で、北国や高原などの涼しい地域を好みます。4〜5月に雄花の花序が尾状に垂れ下がるようにして咲きます。秋の黄葉の美しさも魅力です。関東平野部以西では、暑さで育ちにくいことがあります。

[用途]　高原で見かけるのと同様に、数本をまとめて植えたほうが、見栄えがします。暑さを嫌うので、夏に西日が強く当たる場所は避けます。移植を嫌うため、植えつけは場所を慎重に選びましょう。

[剪定と管理]　近縁種のジャクモンティーは、暖地でも比較的育てやすく、若木のうちから幹が白くなります。植える際はその地域に向く品種かを確認します。
　剪定で枯れ込む場合もあるので、幹から大きく切り落とすのは避け、切り口には必ず癒合剤を塗っておきます。生長が速くてやわらかい枝が多く出るため、伸びすぎた枝を¼程度切り戻します。
　テッポウムシの被害にあうことが多いので、早期に発見して、すぐ駆除することを心掛けます。

冬の剪定
表情がある幹をよく見せ、枝は軽く間引く程度にとどめる。太い枝は切らず、切り口には癒合剤を塗る。

夏の剪定
混み合った枝を間引くように落とし、風通しよく整えるのがポイント。

シラキ
白木

分類 トウダイグサ科　落葉中高木
樹高 5〜10m／花色 黄／実色 黒
根 中間／生長 中間／日照 日なた
乾湿 中間／植えつけ 2〜3月、9〜10月

真っ白い幹肌で、深紅に紅葉する

[特徴]　名前の由来が示すように幹肌が白く、また木質も白いことが特徴です。5〜6月に小さくて黄色い地味な花を咲かせます。秋は特に白い幹と深紅の紅葉の組み合せが美しく、この木ならではの魅力です。流通量が少ない、貴重な木です。

[用途]　日当たりのよい場所を好みますが、林の中をイメージし、ほかの雑木の手前や建物側に植えると、白い幹肌が引き立ちます。単独で植えるよりも、ほかの木との組み合わせで活きる樹種です。

[剪定と管理]　水はけのよい土壌を好むため、植えつけ前に深めの場所までよく土を耕しておきます。
　自然な雰囲気を損なわないためにも強剪定は避け、古くなった枝を幹から切り落とします。新しい徒長枝は、付け根から切って樹形を整えていくとよいでしょう。全体の1/3程度を毎年切ります。樹冠の内側に出る細かい胴吹き枝は切り取り、風通しをよくします。主幹は数年ごとに低い位置で切り戻します。目立った病害虫はありません。

冬の剪定
古枝と徒長する幹吹き枝を、全体の1/3ほど切り取り、数年で切り戻して主幹を低くする。

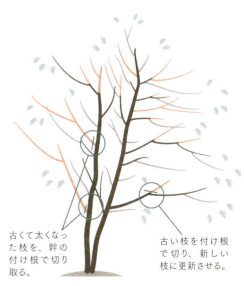

夏の剪定
強く張り出した横枝を付け根で切り、樹冠内部を風通しよくするのがコツ。

落葉樹

シロモジ・クロモジ
白文字、黒文字

分類 クスノキ科　落葉小高木／**樹高** 2〜6m
花色 黄／**実色** 黒／**根** 中間／**生長** 速い
日照 日なた〜半日陰／**乾湿** 中間
植えつけ 2〜3月、10月下旬〜11月

冬の剪定
徒長枝を下から主幹の際で切る。ひこばえを選んで残し、古い主幹を地際で切って更新。

春に咲く黄緑色の花、明るい黄金色の紅葉

[特徴] シロモジは繊細な枝振りと3つに裂けた葉が特徴。灰褐色の樹皮がクロモジより白いことから名があります。秋に葉は黄色く色づき、褐色の実に鳥が集まります。クロモジは若い枝の黒い斑点を文字に見立てたことから。楊枝の材料になり、樹皮や葉、果実から香料が採れます。淡い黄緑色の花を咲かせ、花後、球形の果実が秋に黒く熟します。

[用途] 低い株立ち状で、庭のアクセントになります。通路際や庭の外側など、ポイントになる場所に植えます。日当たりと水はけのよい場所が理想ですが、丈夫で育てやすい木です。

[剪定と管理] 主な手入れは、強く出た枝を下の方から切り、幹の際から切り取ります。古くなった主幹が5〜10年で急に枯れることがあるので、常に主幹を更新できるように備えておきます。

　毎年強く出たひこばえの中から、姿のよいものを選んで残し、育ったら古くなった主幹を地際から切り取って新しい主幹に更新させます。

春の剪定
下から伸びてくるひこばえは、多すぎたら選んで間引く。全体の約1/3を切って入れ替える。

ツツジ類
躑躅

分類 ツツジ科　落葉・常緑低木／樹高 1～3m
花色 白、桃、紫／実色 褐色／根 浅い
生長 速い／日照 日なた～半日陰
乾湿 乾燥～中間／植えつけ 3～4月、10月

花後に葉が伸びて、繊細な枝振りに

[特徴]　雑木の庭に似合うツツジ類は、主にミツバツツジやヤマツツジ、ヒカゲツツジなどです。枝先に葉が集まってつきます。ツツジの仲間の中では楚々とした細いロート状の花と細い枝を伸ばし、繊細な株姿に魅力があります。ヒカゲツツジは常緑です。

[用途]　植え込みの切れ目や庭の縁など、一日で数時間は日が当たる明るい場所に点在させて植え、低いところの彩りとして使うと効果的です。

[剪定と管理]　植えつけ時に完熟堆肥やピートモスをよく混ぜ、休眠期の2月と花後の6月に少量の緩効性化成肥料を施します。
　剪定は花後すぐに行い、混み合った枝や強く横に張り出した徒長枝を、幹の付け根から間引きます。低めに切り戻して高さを抑えましょう。地際からひこばえが伸びたら育て、主幹が古くなったら地際から切り倒してひこばえと更新させます。
　春や秋に乾燥したらツツジグンバイやハダニが多発するので、葉裏にも灌水して予防します。

冬の剪定
混み合った枝や徒長枝を幹の付け根で切り、低い位置で切り戻す。古い主幹は更新する。

春の剪定
樹冠内部で混み合った枝を付け根で切り、風通しよく整えるのがポイント。

落葉樹

ツリバナ
吊花

分類 ニシキギ科　落葉小高木／**樹高** 2〜5m
花色 淡い緑／**実色** 赤／**根** 浅い／**生長** 速い
日照 日なた〜半日陰／**乾湿** やや湿潤
植えつけ 2〜3月、10〜11月

肌色の小さな花、枝先に揺れる実と紅葉

[特徴]　初夏に葉腋から小さくて肌色の花を吊り下げます。細くしなやかな枝に風情があります。存在を発揮するのは秋で、直径1cmほどの実が赤く熟し、5裂して朱赤色の仮種皮に包まれたタネが顔を出します。実が吊り下がる様子が美しく、その後に鮮やかに色づく紅葉も見事です。

[用途]　花やタネがよく見えるように、半日陰の通路の近くや建物から見える位置に植えます。庭のポイントになる木としておすすめです。

[剪定と管理]　植えつけ時に腐葉土を十分にすき込み、2月に有機質肥料などの寒肥を少量与えます。
　冬の剪定は幹吹き枝を活かして上部の主幹を低い位置で切り戻します。古くなった下枝は付け根で切り、楚々とした樹形を保って全体の約⅓を切ります。
　初夏の剪定は強く伸びた下枝を幹の付け根で切り、樹冠内部の混み合った枝を取り除きます。葉が茂りすぎないように全体の約¼の枝を切ります。新芽や花の頃のアブラムシと、根をかじるアリに注意します。

冬の剪定
下枝を幹の際に払い、混んだ枝を全体の約⅓切る。主幹を低い位置で切り戻す。

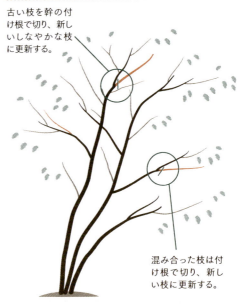

夏の剪定
混み合った枝を中心に、古い枝を¼程度、付け根で切り落とす。

ナツツバキ（シャラ）
夏椿（娑羅）

分類 ツバキ科　落葉中高木／樹高 10～20m
花色 白／実色 茶／根 深い／生長 中間
日照 日なた～半日陰／乾湿 中間
植えつけ 3月下旬～4月上旬、10～11月

4	5	6	7	8	9	10	11	12	1	2	3
葉の展開						紅葉					
	開花					果実熟期					
		剪定						剪定			

赤褐色の樹皮が映え、
白い花が梅雨空に咲く

［特徴］　株立ちの樹形が美しく、グレーを帯びた赤褐色の幹肌も魅力的です。梅雨時期に白い花が咲き、山地の湿潤な土地に生えます。西日と乾燥に弱く、半日陰のほうが健やかに育ちます。近縁種のヒメシャラは花がひと回り小さめで、短命な一日花です。

［用途］　赤褐色の樹皮が剥がれ落ちてできる、独特のまだら模様が美しいので、建物から少し離れた場所に植えて株立ちの樹形や初夏の花を楽しみます。

［剪定と管理］　チャドクガの食害に注意が必要で、トゲにさされるとかぶれます。脱皮した皮も触れると同様にかぶれるので注意します。

　植えつけ後3年くらいまでは1～2月と7～8月に少量の施肥をすると花数が増えます。

　初夏の剪定は花後すぐに行います。枝を付け根ギリギリで切らずに少し残すと、わずかな切り残しから細い枝が噴水のように噴き出します。必ず幹の際で切るように気をつけます。全体の1/3程度を幹の付け根から切り、枝先を切らないように気をつけます。

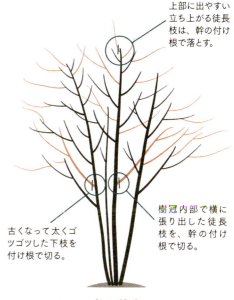

冬の剪定
幹の付け根ギリギリで切り落とし、株全体の約1/3を剪定。ひこばえを伸ばし、数年で更新する。

夏の剪定
古い枝や混み合った場所にある横枝は付け根で切り落とし、風通しをよくする。

落葉樹

ナツハゼ
夏櫨

分類 ツツジ科　落葉小高木／**樹高** 1〜3m
花色 白／**実色** 黒／**根** 浅い／**生長** 遅い
日照 日なた〜半日陰／**乾湿** 中間
植えつけ 3月下旬〜4月上旬、10月中旬〜11月

4	5	6	7	8	9	10	11	12	1	2	3

- 葉の展開
- 紅葉
- 開花
- 果実熟期
- 剪定（夏）
- 剪定（冬）

四季を通じて美しさが続く「雑木の女王」

[特徴]　夏の終わりには紅葉が始まり、ハゼノキのように赤くなることから名があります。コンパクトな株姿に繊細な葉をもち、新緑は初夏まで赤みを帯び、抜群の存在感です。5〜6月に淡い褐色のベル形の花を咲かせます。黒い熟果はブルーベリーに似ており、ジャムにしても美味です。四季を通じて美しく、食べてもおいしい、「雑木の女王」です。

[用途]　ほかの木の手前に植えると美しい情景を作りやすく、しなやかな枝ぶりが際立ちます。

[剪定と管理]　病害虫は、テッポウムシ、ハマキムシに注意が必要です。地際に木クズが出ていたらテッポウムシ、葉が巻いていたらハマキムシです。早期発見に努め、見つけ次第、こまめに捕殺します。
　株が小さいうちは、1〜2月に少量の固形肥料を寒肥として、株元から少し離れた場所に施します。徒長枝を付け根から切り取り、全体の⅓弱程度を切除します。数年に一度、幹吹き枝を活かして低い位置で切り戻し、ひこばえを伸ばして主幹を更新します。

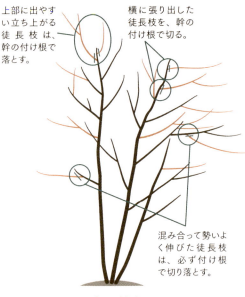

冬の剪定
徒長枝や混んだ枝を全体の⅓弱ほど切る。数年で幹吹き枝を活かして切り戻し、主幹を更新する。

夏の剪定
古い横枝や混み合った枝を付け根で間引くように、約⅓を切るとよい。

ナナカマド
七竈

分類 バラ科　落葉中高木／樹高 6～10m
花色 白／実色 赤／根 浅い／生長 遅い
日照 日なた／乾湿 中間～湿りがち
植えつけ 3～4月

4	5	6	7	8	9	10	11	12	1	2	3
葉の展開						紅葉					
		開花			果実熟期						
	剪定							剪定			

泡のような白い花、秋は鮮やかに紅葉する

[特徴]　涼しい地域を好む木で、夏が高温多湿になる地域では生長が遅く、なかなか伸びません。枝先に集まってつく葉は羽状複葉で、6～7月に枝先に白く小さな花を多数咲かせます。秋には鮮やかに紅葉し、赤く熟した実をつけます。

[用途]　紅葉だけでなく実も美しいので、北国では街路樹としても使われます。庭のポイントに最適です。
　関東以西の温暖な地域に植えるなら、別属のホザキナナカマドがおすすめです。

[剪定と管理]　植えつけ後、木が成熟する前までは、1～3月に少量の施肥を行います。主な剪定は冬に行い、夏の剪定は花後に軽く枝を間引く程度にします。テッポウムシが幹に入りやすいので、地際近くにクズが出て近くに穴があったら、すぐに退治しましょう。
　古くなった枝を幹の際から切り落とし、強く出た徒長枝も切り取ります。やわらかい枝を残して細くしなやかな樹形を目指すとよいでしょう。全体の1/3ほどを切り落とし、数年で主幹を更新させます。

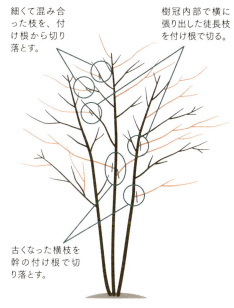

冬の剪定
古枝や徒長枝を全体の1/3ほど切り落とし、やわらかい枝を残す。数年で主幹を切り戻す。

夏の剪定
混み合った枝を中心に、樹冠を乱す枝を付け根で切り落とし、風通しをよくする。

落葉樹

ネジキ
捩木

分類 ツツジ科／**落葉小高木**／**樹高** 1～3m
花色 白／**実色** 茶／**根** 浅い／**生長** 中間
日照 日なた～半日陰／**乾湿** やや湿潤
植えつけ 2～3月、10～11月

4	5	6	7	8	9	10	11	12	1	2	3
葉の展開						紅葉					
	開花					果実熟期					
	剪定							剪定			

深い筋がねじれる、幹肌がユニーク

[特徴] 名の由来のように幹がねじれ、樹皮にらせん状の筋が入るのが特徴です。ユニークな幹を常に見せたい雑木ですが、春に咲く花が思いのほか可愛らしく、釣鐘形をした白い可憐な花がたくさん並び、ぶら下がるように下向きに咲きます。

[用途] 花つきや紅葉のためには日当たりのよい場所に植えますが、夏の強い日差しが苦手なので、半日陰や午前中だけ日が当たる場所が最適。花や幹肌を楽しむには、建物の近くや庭の入り口に植えます。

[剪定と管理] 湿り気のある場所を好み、特に目立った病害虫はありません。
幹吹き枝がよく伸びます。伸びすぎたり密に生えた枝を、幹の際から切り落とす程度で、全体の1/3ほどを切り取ります。
株元から多くの主幹が立つため、大きな株立ちになりやすいです。地際からひこばえが伸びて来たら、姿のよいものを選んで残し、数年後に古い主幹を切り倒して更新させます。

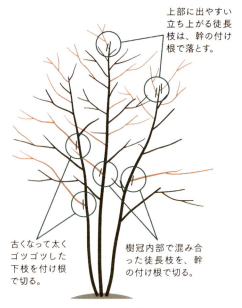

冬の剪定
混み合ったり徒長した幹吹き枝を生え際から切り落とし、数年で主幹をひこばえと更新する。

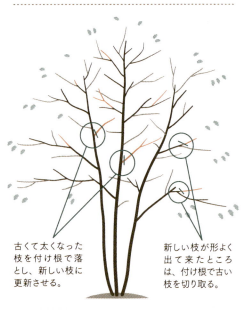

夏の剪定
混み合った部分を中心に、古い枝と樹冠を乱す枝を付け根で切り落として風通しをよくする。

ノリウツギ
糊空木

分類／アジサイ科(ユキノシタ科) 落葉低木
樹高 2〜3m／花色 白／根 浅い／生長 速い
日照 日なた〜半日陰／乾湿 やや湿潤
植えつけ 2月中旬〜3月、10月中旬〜11月

木陰に映える
清楚な房状の白い花

[特徴] 咲き始めが黄緑色で徐々に白くなり、1ヶ月以上の長期間花を楽しめます。樹皮に含まれる粘液が和紙を漉く際の糊として使われたこと、茎が中空であることから名がつきました。アジサイの仲間では最も樹高が高く、花が咲く時期も遅いです。

[用途] コナラやモミジなどの骨格をつくる樹種の下で、半日陰になるところが似合います。通路際や庭のポイントになる場所に植えるのにも適します。半日陰に植えても間延びしません。

[剪定と管理] 自然な樹形を楽しむので、主な剪定は冬に不要な枝を抜き取る程度にとどめます。施肥はあまり必要なく、寒肥を少量与える程度にします。
　古い幹は1〜3月に切り取り、花がらは9月中に摘み取ります。施肥は6〜7月と1〜2月。新しく伸びた枝に花芽がつくので、低く丈を抑えたい場合は、毎年全ての枝を地際から5cmの位置で切ります。自然な樹形で楽しみたい場合は、古い枝を付け根で切り取り、新しい枝を伸ばしておきます。

冬の剪定
自然な樹形にするには、古い枝を全て切り取る。
細い枝も整理して切り落とす。

夏の剪定
花が咲き終わったら、横に強く伸びている枝を
払い、風通しよく整えるのがポイント。

落葉樹

バイカウツギ
梅花空木

分類 ユキノシタ科 **落葉低木**／**樹高** 2〜3m
花色 白／**実色** 褐色／**根** 浅い／**生長** 速い
日照 日なた〜半日陰／**乾湿** 中間
植えつけ 3月下旬〜4月上旬、10月中旬〜11月

初夏から梅雨に咲く
香り高い純白の花

[特徴] 初夏から梅雨にかけて、香りのよい純白の4弁花を枝先に咲かせます。よく出回るのは西洋種のセイヨウバイカウツギとその交雑種です。大輪や八重咲き種、中心がほんのり赤くなる'ベルエトワール'などの園芸品種や、香りの強いものも多くあります。

[用途] 日当たりのよい場所を好みます。花数は減りますが半日陰でも花は咲きます。前庭に似合うのはもちろんのこと、庭の隅に植えて香りを楽しむのも一興です。園路や建物の近くにも適します。

[剪定と管理] 春から初夏にアブラムシがよくつくので、多発する前に防除しましょう。
　強く出た徒長枝と下垂枝、混み合った枝を付け根で切り取ります。株元からひこばえがよく出るので、細いものを地際で切ります。全体の約⅔を切り取ります。古い主幹には花がつかなくなるので地際で切り取り、伸ばしたひこばえに更新します。前年枝の脇枝から伸びた新梢の枝先に花をつけるため、枝の先端ばかりを切ってしまうと翌年の花が咲きません。

冬の剪定
徒長枝、下垂枝、混んだ枝などを全体の⅔切除。
古い主幹は数年でひこばえに更新する。

夏の剪定
古い主幹や余分なひこばえを地際で切り、
徒長枝や混んだ枝を含め、全体の約⅔を切る。

ハナイカダ
花筏

分類 ハナイカダ科(ミズキ科) 落葉低木
樹高 2〜3m／**花色** 緑／**実色** 黒
根 浅い／**生長** 遅い／**日照** 半日陰
乾湿 湿りがち／**植えつけ** 11〜3月

4	5	6	7	8	9	10	11	12	1	2	3
葉の展開						紅葉					
開花			果実熟期								
		剪定						剪定			

ユニーク！葉の真ん中に花が咲いて実がつく

[特徴] 独特の光沢がある葉の中央に、ポツンと緑色に咲く花は、小さくてもよく目立ちます。雌雄異株で、秋に黒く熟す実も、同様に葉の中央に実るため、とても目立ちます。低くて地際から新しい幹を出し、コンパクトな株立ち状に収まる樹形です。

[用途] 半日陰と湿気のある場所を好むので、高木の下や水辺の近くに植えます。葉の上に咲く花や実を楽しめるように、半日陰の通路沿いや建物の近く、玄関の周囲で湿り気のある場所でもよいでしょう。

[剪定と管理] 乾燥しやすい場所は避け、植えつけ後の夏は朝と夕方に灌水して水切れに注意します。

半日陰に植えると葉焼けも起こさず、枝をしなやかによく伸ばします。肥料は不要ですが、腐葉土を株元に厚めに敷きつめ、乾燥を防ぎます。目立った病害虫もなく、生長は穏やかです。

徒長枝や混み合った下枝を中心に、全体の約⅓弱の枝を切り落とします。幹吹き枝を活かし、数年で主幹を低めに切り戻します。

冬の剪定
徒長枝や混んだ下枝を、全体の⅓弱くらい切る。幹吹き枝を活かし、数年で主幹を低く切り戻す。

夏の剪定
古い横枝や樹冠を乱す徒長枝を、付け根から切り落とすのがコツ。

ハナカイドウ
花海棠

落葉樹

分類 バラ科　落葉小高木／樹高 5～8m
花色 桃／実色 茶／根 深い／生長 速い
日照 日なた／乾湿 中間
植えつけ 2月中旬～3月下旬、10月中旬～11月

サクランボのように
可憐な花が垂れ下がる

[特徴]　中国原産で、ピンク色の花と咲き始める前のつぼみがかわいらしく、サクランボのような風情です。丸く広がる樹冠で、枝全体にこぼれるように花をつけ、春～初夏の庭を華やかに彩ります。

[用途]　幹はすぐ太くなり、ゴツゴツして直線的なので、雑木の中に植えるよりも、庭の境界近くや通路の近くなどに植え、花の季節を楽しむのに適します。

[剪定と管理]　毎年花を見るためには、施肥は2月の寒肥と5月のお礼肥の年2回、緩効性化成肥料を軽くひと握りほど、株元から少し離したところに与えます。高温と乾燥に弱いので、真夏の水切れは致命傷になります。朝か夕方を選んでたっぷりと水やりします。
　剪定は11～3月に不要枝を切り、6～7月に伸びすぎた枝を切ります。
　強く伸びた徒長枝と古くなった枝は、幹の際から切り取ります。一度にたくさん切ると、噴くように枝が伸びるので、一度に切る枝は⅓程度に抑えます。樹冠内部の逆枝や立ち枝も付け根から切ります。

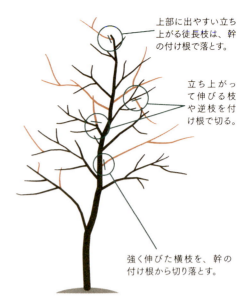

冬の剪定
徒長枝と古い枝を、幹の際から⅓ほど切る。
樹冠内部の逆枝や立ち枝も付け根から落とす。

夏の剪定
混み合ったところや古い枝を
付け根から切り落とし、風通しをよくするとよい。

ハナミズキ
花水木

分類 ミズキ科　落葉中高木／樹高 5～10m
花色 白、桃、赤／実色 赤／根 深い
生長 中間／日照 日なた／乾湿 中間
植えつけ 3月下旬～4月上旬、10月中旬～11月

春の花から
秋の紅葉まで楽しめる

[特徴]　ヤマボウシの近縁種で、花色はピンクや赤系が多く、美しい斑入り葉種もあります。花びらのように見えるものは総苞で、中心には小さな花が多数集まってつきます。秋の紅葉は雑木の中では早めで、赤い実も楽しめます。

[用途]　1本立ちと株立ちがありますが、雑木らしい趣がある株立ちをおすすめします。シャラ、コナラ、アオダモなどと組み合わせると、幹の質感が強調されて引き立て合います。

[剪定と管理]　日当たりと風通しを好み、日当たりが悪いと花が咲きません。窒素肥料を多く与えるとうどんこ病になるので注意します。
　不要枝の剪定は1月中旬～3月中旬、よく伸びるので小さな庭なら9月中旬～10月中旬にも行います。枝が横に張って伸びるので、張り出したり徒長する枝を付け根から、全体の⅔程度切り落とします。胴吹き枝を利用して、何年かに一度、先端から低い位置で主幹を切り戻し、樹冠を小さく抑えます。

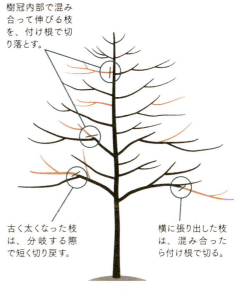

冬の剪定
枝が横に張るので、全体の⅔以上の徒長枝を付け根から切る。数年で主幹を切り戻す。

夏と秋の剪定
徒長した枝や樹冠内を乱す枝を付け根で切り、株の内部まで風通しよく整える。

ハナモモ
花桃

分類 バラ科　落葉小高木／**樹高** 5〜8m
花色 桃、白、赤／**実色** 桃色／**根** 深い
生長 速い／**日照** 日なた／**乾湿** 中間
植えつけ 12月、2月

4	5	6	7	8	9	10	11	12	1	2	3
葉の展開						紅葉				葉の展開	
開花	果実熟期										開花
		剪定						剪定			

春を代表し、花を愛でる華やかな木

[特徴]　「ハナモモ」は、花を観賞する木で、バラエティーに富んだ美しい品種が多く、桃色、白、赤、紅白の咲き分けをするもの、キクに似た花形などがあります。実は果樹に利用するもののように大きくならず、食用には適しません。切り花でも人気です。

[用途]　建物から見える場所で、日当たりと風通しがよく、庭のポイントになる場所に植えます。

[剪定と管理]　病害虫でよく発生するのはアブラムシとカイガラムシで、一度発生すると完全に駆除するのが難しいです。冬の間にマシン油を全体にまんべんなく散布すると、葉のある時期の被害が軽減できます。

年を経た木は芽吹く力が弱いので、あまり短く切り戻してしまうと新しい枝が伸びにくくなります。太い枝を切り落とした場合は、切り口から雑菌が入りやすいので、癒合剤を塗っておきます。植えつけたら木が若いうちから徒長枝を切って細い枝を残します。数年に一度、古くなった枝は幹の付け根から切り落とし、やわらかいシルエットにまとめます。

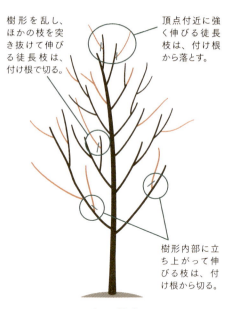

冬の剪定
古くならないうちに枝を更新。生長も速く、強い徒長枝がよく出るので、全体の2/3程度を多めに切る。

夏の剪定
直線的に強く伸びる枝や混み合った枝を切り落とし、風通しよく整えるのがコツ。

ヒメシャラ
姫娑羅

分類 ツバキ科　落葉小高木／**樹高** 5〜8m
花色 白／**実色** 茶／**根** 深い／**生長** 中間
日照 日なた〜半日陰／**乾湿** 中間
植えつけ 3月〜4月上旬、10月中旬〜11月

4	5	6	7	8	9	10	11	12	1	2	3
葉の展開						紅葉					
	開花					果実熟期					
		剪定						剪定			

梅雨空に咲く白花と褐色の美しい樹皮

[**特徴**]　ナツツバキの近縁種で、ひと回り小さめの白い花が咲きます。梅雨時期に咲くのが残念な一日花です。西日と乾燥に弱く、半日陰のほうが健やかに育ちます。赤褐色の樹皮が剥がれてできる独特の幹肌が美しく、まとまりのよい株立ちになります。

[**用途**]　幹のまだら模様が美しいので、建物から少し離れた場所に植えて幹の様子や花が見えるようにします。株立ちの樹形も魅力があり、コナラやイヌシデの手前に植えると引き立ちます。

[**剪定と管理**]　チャドクガの食害に注意が必要で、トゲにさされるとかぶれます。脱皮した皮も触れると同様にかぶれるので注意します。株が小さい場合や生育が悪い場合、施肥は1〜2月と6〜7月に行います。

　剪定するとき、枝を付け根ギリギリで切らずに少し残すと、わずかな切り残しから細い枝が噴水のように噴き出します。必ず幹の際で切るように気をつけます。全体の⅓程度を幹の付け根から切り、枝先を切らないように気をつけます。

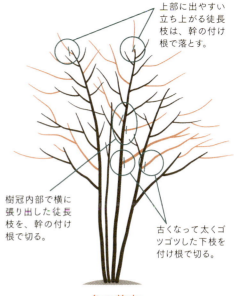

冬の剪定
古い枝は幹の付け根ギリギリで切り落とし、株全体の⅓を剪定。ひこばえを伸ばし、数年で更新。

夏の剪定
古い枝や混み合った場所にある横枝は、付け根で切り落とす。

落葉樹

ブルーベリー

分類 ツツジ科　落葉低木／**樹高** 1.5～3m
花色 白／**実色** 紫／**根** 浅い／**生長** 速い
日照 日なた／**乾湿** 中間
植えつけ 3月、9月中旬～12月上旬

4	5	6	7	8	9	10	11	12	1	2	3
葉の展開							紅葉				
開花		果実熟期									
剪定								剪定			

花、新緑、実、紅葉と一年中楽しめる

[特徴]　北アメリカ東部原産の落葉低木で、家庭で育てやすい小果樹として人気があります。ヌマスノキという和名もあります。
　春にドウダンツツジに似た愛らしい花をたくさん咲かせ、初夏は新緑、秋は美しく紅葉します。

[用途]　日当たりのよい場所で、建物の近くや前庭に適します。自家受粉性があまりないため、同時期に花が咲く2種類以上の品種を植えましょう。

[剪定と管理]　酸性の土を好み、用土にピートモスをよく混ぜて植えつけ、株元にもピートモスでマルチングすれば、特に手間はかかりません。施肥は2月と8月に行います。夏は水切れしないように、乾いたら朝か夕方にたっぷり水を与えます。
　剪定は、古くなった幹を地際から切り取ります。株元からひこばえが出てくるので、枝振りのよいものを残し、細くて樹勢が悪いものは地際から切り取ります。幹から横に枝が伸びますが、強く出た徒長枝も、幹の際から切っておきます。病害虫の心配はありません。

冬の剪定
古くなった枝を地際から間引くように切り、新しく生えてくるひこばえに更新させる。

春の剪定
混み合った箇所や樹冠内部の古い枝を、付け根から切り落とす。

マユミ・コマユミ
真弓・小真弓

分類 ニシキギ科　落葉小高木
樹高 2～10m／**花色** 淡い緑／**実色** 赤
根 浅い／**生長** 速い／**日照** 日なた～半日陰
乾湿 中間／**植えつけ** 2～3月

4	5	6	7	8	9	10	11	12	1	2	3
葉の展開						紅葉					
	開花					果実熟期					
		剪定					剪定				

真紅の紅葉と
はじける果実が見どころ

[特徴]　マユミは枝がよくしなり、弓の材料になったことが名の由来。5月に緑色の小花を1～7個ほど咲かせますが、目立ちません。秋に淡い紅色に熟した果実が4つに裂けて中から赤いタネが現れ、鈴なりの果実が魅力です。コマユミの枝には翼がなく、枝も華奢でずっとしなやかです。紅葉は上品で明るい紅色です。

[用途]　小さな庭に適し、ひと味違った趣があります。明るい半日陰が最適で、日を求めて外に向かって伸びます。切り花や茶花としても人気があります。

[剪定と管理]　株が小さい時期には、2～3月に少量の化成肥料か固形の有機肥料を与えます。
　枝は横に大きく張り出すので、強く伸びた枝を付け根から切り取ります。下枝や樹冠の内側に向かって伸びる混み合った枝も、付け根から切り落とします。
　冬の剪定では全体の枝の約⅓を切ります。株元から伸びてくるひこばえを選んで残し、古くなった主幹は地際で切って、伸びたひこばえに更新します。

冬の剪定
先端の徒長枝や樹冠内部の混み合った枝、下垂枝を全体の約⅓程度付け根で切り、樹高を低く抑える。

夏の剪定
古くなった枝を⅓くらい切り、混み合った部分を間引くように切り落とす。

落葉樹

マルバノキ
丸葉木

分類 マンサク科　落葉小高木／**樹高** 3～5m
花色 濃赤紫色／**実色** 茶／**根** 深い
生長 中間／**日照** 日なた～半日陰／**乾湿** 中間
植えつけ 2月下旬～3月上旬、10～11月

4	5	6	7	8	9	10	11	12	1	2	3
葉の展開						紅葉					
						開花					
							果実熟期				
			剪定							剪定	

ハート形の丸い葉と秋の小さな紅色の花

[特徴]　別名をベニマンサクといい、葉が紅葉を始める10～12月ごろ、赤紫色で星形の小さな花を咲かせます。紅葉と花を一緒に楽しめる点も魅力です。
　茶花や生け花でも人気があり、黄色から紅色に移り変わる紅葉もきれいです。

[用途]　しなやかで扱いやすい枝振りです。コナラなどの庭の骨格になる木の近くに添えたり、建物の近くや通路の手前などに似合います。

[剪定と管理]　強く伸びた徒長枝は、幹の付け根から全体の約⅓を切り落とします。枝が横に張り出しやすいので、周囲の木や建物に近い枝も、早めに更新します。放置すると5m近くまで伸びるので、高さを抑えたい場合は、幹吹き枝を活かして低い位置の枝の付け根で切り戻します。地際からひこばえが伸びるので、姿のよいものを選んで残し、主幹が古くなったら地際から切り倒して新しい主幹に更新します。
　病害虫は、テッポウムシの被害にあいやすいので気をつけます。

冬の剪定
横に張り出した徒長枝を幹の際から全体の約⅓を切る。数年に一度切り戻して更新する。

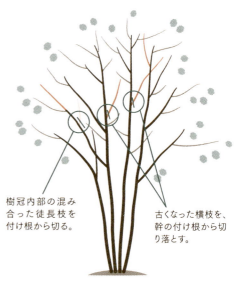

夏の剪定
樹冠内部で混み合った枝を付け根で切り、株内の風通しをよくする。

マンサク
満作

分類 マンサク科　落葉小高木
樹高 5〜10m／**花色** 黄、橙、紅／**実色** 茶
根 深い／**生長** 中間／**日照** 日なた／**乾湿** 中間
植えつけ 2月下旬〜3月上旬、10〜11月

春一番に咲く黄色い花が白い幹肌に映える

[特徴]　早春に枝先いっぱいに黄色の小花を咲かせることから、また「まず咲く」がなまってこの名があります。山地の斜面や林内に生え、白い幹や枝にさわやかな緑色の円い葉が茂ります。秋に葉が黄色に色づく姿も見応えがあります。

[用途]　生長はそれほど速くないので、横枝が張るラインを活かしてヤマボウシなどに添わせると、持ち味が活かせます。

[剪定と管理]　酸性雨に弱いことから、近年、特に都心部では生長が悪くなっています。施肥はそれほど必要ありませんが、育ちが悪い場合は、2月と4〜5月に株元から少し離れたところに少量を与えます。病害虫は、テッポウムシの被害に気をつけ、株元近くから木クズが出ていたら早めに対処します。

　強く横に張り出した徒長枝を幹の際から切り取り、全体の1/3程度を軽く抜きます。幹吹き枝をうまく選んで残し、数年に一度切り戻して枝を更新します。

冬の剪定
横に張り出した徒長枝を幹の際から全体の1/3程度切る。数年に一度切り戻して更新する。

夏の剪定
古い枝や立ち上がる枝を切り落とし、コンパクトな樹冠を保つ。

落葉樹

ムクゲ・フヨウ
木槿・芙蓉

分類 アオイ科 落葉低木／**樹高** 2〜4m
花色 白、桃、紅、紫／**実色** 褐色／**根** 深い
生長 速い／**日照** 日なた〜半日陰
乾湿 中間〜やや湿潤
植えつけ 3〜4月、9〜11月

夏から秋まで長期間花が咲き続ける

[特徴] ムクゲとフヨウは同じアオイの仲間で、夏の暑さに負けず、秋までの長期間、花が咲き続けます。花は短命で、朝咲いたら当日の夕方にはしぼむ一日花です。一重から八重咲きまで多くの園芸品種があり、フヨウの変種には、花色が一日で移り変わるスイフヨウがあります。

[用途] 日当たりと水はけを好みますが、早く育つため、半日陰に植えて生育を穏やかにするという手もあります。ただし花数は減ります。建物や通路の近くに植えると、夏から秋まで花が引き立ちます。

[剪定と管理] ムクゲはある程度の耐寒性がありますが、フヨウは寒冷地での露地植えには適しません。病害虫は、ハマキムシとアブラムシが発生しやすいので注意します。
　樹勢が強いので、刈り込んでも枯れることはありません。また、適期に剪定を行えば、花が減ることもないので、育てやすい木です。生育期に小枝がよく出るので、冬の剪定では形を整える間引き剪定を中心に行い、花後に古い枝を大きく切って枝を更新します。

冬の剪定
冬は全体の¼程度の枝を間引き、樹形を整えることに主眼を置くとよい。

秋の剪定
花後に行う秋の剪定では、古い枝を全体の⅔ほど切り落とし、枝を更新する。

メグスリノキ
目薬木

分類 ムクロジ科(カエデ科) 落葉中高木／樹高 10〜20m
花色 白／実色 茶、赤／根 深い／生長 速い
日照 日なた〜半日陰／乾湿 中間
植えつけ 3月下旬〜4月下旬、10月中旬〜11月

眼病に使われた、紅葉の美しい木

［特徴］ 日本固有の大ぶりの木で、大きな株立ち状になります。名は民間療法で、樹皮や葉の煎じ汁で目を洗うと眼病に効くことに由来。「チョウジャノキ」とも呼ばれ、平地ではもっとも紅葉が鮮やかに赤くなる雑木の1つで、「血のように赤い」ともいわれます。

［用途］ 日当たりのよい場所に植えれば、10〜12月は赤く鮮やかな紅葉に美しく色づきますが、幹にも独特の表情があるので、林の中にようにコナラやイヌシデと合わせて植えても魅力を発揮します。

［剪定と管理］ カエデの仲間に共通していますが、テッポウムシの被害にあいやすいので、幹や株元に小さな穴があき、おがクズに似た糞が出ていたら、すぐに専用の殺虫剤か、針金を穴に差し込んで退治します。
　剪定する際は、伸びた下枝や徒長枝を幹の付け根から大きく切り取り、全体の⅔程度を切ります。樹勢が強いので枝先は切らず、数年に一度、低く切り戻して主幹を更新させます。太い枝を切るのは冬の剪定で行い、夏の剪定では軽く枝を間引く程度にします。

冬の剪定
下枝や徒長枝を幹の付け根から全体の⅔程度を切り、数年に一度、主幹を低く切り戻す。

夏の剪定
混み合った枝を間引く程度にとどめ、樹冠内部に光と風を入れるようにするのがコツ。

落葉樹

モクレン類
木蓮

分類 モクレン科　落葉小高木
樹高 3〜15m／花色 紫、白／実色 赤
根 深い／生長 速い／日照 日なた
乾湿 中間／植えつけ 12〜2月

4	5	6	7	8	9	10	11	12	1	2	3
葉の展開						紅葉				葉の展開	
開花						果実熟期					開花
剪定											剪定

天高く伸びて咲き、春の訪れを告げる花

[特徴]　花びらの外側が赤紫、内側が白色になり、樹高5m程度のシモクレンと、白色の花を咲かせ、樹高15mにもなるハクモクレンがあります。シモクレンは、やや閉じたような形で開花しますが、ハクモクレンは日が当たると開き、暗くなると閉じます。

[用途]　日当たりと風通しがよい場所を好みます。日当たりが悪い場所では花が咲きません。成木は移植が難しいので、植え場所は十分吟味します。

[剪定と管理]　細かい胴吹き枝が出にくいので、剪定は早春か5月に不要な枝を抜き取ります。施肥は必要ありません。大きくしたくない場合は、ヒメコブシを選び、全体の⅔程度の強く出た枝を、幹の付け根から残さずに切り落とします。
　できるだけ葉の数を増やさないように、生長する分ほどの古い枝を切り落とすイメージで剪定します。枝が直線的に伸びるので、途中で切るとゴツゴツした枝振りになってしまいます。必ず、幹の付け根で切り落としましょう。

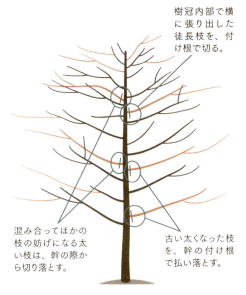

冬の剪定
枝や幹がまっすぐ伸びるので、徒長枝を中心に⅔ほど、幹の付け根から切り落とし、葉の数を抑える。

初夏の剪定
花後すぐに行い、混み合った枝を間引いて、樹冠内部まで風通しよく整えるのがコツ。

モミジ類
紅葉

分類 ムクロジ科（カエデ科） 落葉中高木
樹高 20～30m／花色 赤／実色 茶
根 深い／生長 速い／日照 日なた～半日陰
乾湿 中間／植えつけ 11～12月

秋を彩る、紅葉が美しい雑木の代表樹種

[特徴]　春の芽出し、さわやかな新緑や涼しげな緑陰は洋風の庭にも調和しやすく、雑木の庭の主要構成樹として人気です。

[用途]　イロハモミジとヤマモミジは葉色の変化が楽しめるので、庭の骨格に取り入れるほか、玄関周りや建物の近くに植えてもきれいです。
　ハウチワカエデとコハウチワカエデは、切れ込みが浅い葉形と、小型で細くすらりとした樹形が好まれ、アオダモやアカシデなどとのつなぎ役に似合います。

[剪定と管理]　水はけのよい適湿地を好みます。直射日光が強く当たる日なたよりも、半日陰や明るい木陰のほうがコントロールしやすく、やさしい枝振りになります。ただし、日陰では紅葉が発色しにくいです。
　強く伸びた枝を、全体の1/3程度、幹の際から切ります。落葉する前に切ると樹液が流れて株が弱るので、完全に休眠してから行います。移植は容易で、植えつけは落葉後に行います。病害虫はテッポウムシが幹に入りやすいので気をつけます。

冬の剪定
完全に落葉して休眠期に入ってから、徒長枝を中心に全体の約1/3の枝を幹の際から切り落とす。

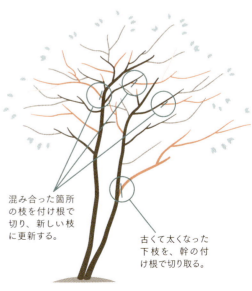

夏の剪定
古い太い枝と混み合った樹冠内部の枝を、1/2ほど付け根から切る。

101

落葉樹

ヤナギ類
柳

分類 ヤナギ科　落葉中高木〜落葉低木
樹高 5〜15m／花色 緑、白／実色 褐色
根 中間〜深い／生長 速い／日照 日なた
乾湿 中間〜湿りがち
植えつけ 2〜3月、10月中旬〜11月中旬

水辺に似合う、やわらかい枝振り

[特徴]　池や流れの近くの湿り気がある場所を好み、やわらかく揺れる姿が魅力です。本来は落葉樹ですが、温暖な地域では半落葉になる場合があります。

[用途]　ネコヤナギとシダレヤナギは水辺に似合い、3〜4月に葉の展開と同時に黄緑色の穂状の花を咲かせます。園芸種でトリカラーの白露錦は、カラーリーフとしても楽しめます。

[剪定と管理]　生長が速いので、古い枝を幹の際から大きく抜いて切り取ります。内側から強く伸びた枝を付け根からばっさり切り、葉の量が切る前の½くらいになるまで枝を切り落とします。樹高も伸びるので、先端も切り戻しますが、切り口を中途半端に残すと車枝になるので、必ず付け根の際で切り落とします。

　外側の葉が傷んだら、内側の枝が見えるように手前の枝を切ると、きれいでやわらかい葉が見えるようになります。

　かかりやすい病害虫もなく、夏に水切れさえしなければ、いつでも美しい姿を楽しめます。

冬の剪定
内側から強く徒長した枝を中心に、付け根から全体の½くらいまで、大きく切り落とす。

夏の剪定
混み合った箇所を透かすように、付け根から枝を切り落とす。

ヤマコウバシ
山香

分類 クスノキ科　落葉低木／樹高 約5m
花色 黄／実色 黒／根 深い／生長 速い
日照 日なた～半日陰／乾湿 湿りがち
植えつけ 2～3月

紅葉したまま冬越しをする不思議な木

[特徴]　名は「山にある香ばしい木」という意味で、葉を揉んだり、枝を折ったりすると芳香があります。別名ヤマコショウの由来は、黒く熟す実を噛むと辛みがあることからつけられました。

　春に新芽が出てから去年の橙色に紅葉した葉が落ちるという、不思議な木です。低木に分類されますが、5m以上になり、枝や幹はよく伸びます。

[用途]　紅葉したまま翌春まで葉を残すため、庭のアクセントに最適で、常緑樹の手前やコナラなどに添えると引き立ちます。本格的な雑木の庭に植えたい、おすすめの木です。

[剪定と管理]　日陰にも強く、丈夫で病害虫の心配も少ないので、管理しやすいです。

　花後の初夏と早春によく伸びる胴吹き枝を幹の付け根から切り落とし、全体の⅖程度の枝を切ります。地際からひこばえが伸びてくるので、姿のよいものを残して伸ばし、ある程度伸びたら古い主幹を地際から切ってひこばえと入れ替え、主幹を更新させます。

冬の剪定
強い徒長枝を幹の付け根から⅔程度切り、ひこばえを伸ばして主幹を更新させる。

夏の剪定
樹冠内部を風通しよく整え、古くなった太い枝を付け根から切る。

落葉樹

ヤマボウシ
山法師

分類 ミズキ科　落葉中高木　**樹高** 5～10m
花色 白、桃、紅／**実色** 赤／**根** 深い
生長 中間／**日照** 日なた／**乾湿** 中間
植えつけ 3月下旬～4月上旬、10月中旬～11月

初夏の花から
秋の紅葉まで楽しめる

[特徴]　初夏に雪が積もったように白く咲く花が人気の木です。本州以南の山地に生え、花びらのように見えるものは総苞で、中心には小さな花が多数集まってつきます。紅葉は濃いオレンジ色から赤へ変わります。秋には赤い実を食べられ、果実酒に向きます。

[用途]　1本立ちと株立ちがありますが、雑木らしい趣がある株立ちがおすすめです。上部が細く中央が幅広く、下がややすぼむ樹形で、シャラ、コナラ、アオダモなど植えると幹の質感が強調されて映えます。

[剪定と管理]　放置すると枝がよく伸びるため、コンパクトにしたい場合は、冬と夏以外に9月中旬～10月中旬にも剪定します。窒素肥料を多く与えるとうどんこ病になるので、肥料が多く必要なバラなどの花木の近くに植えるのは避けます。

　枝が横に張って伸びるので、張り出したり徒長する枝を付け根から、全体の2/3程度切り落とします。胴吹き枝を利用して、何年かに一度、低い位置で主幹を切り戻し、樹高と樹冠を小さく抑えます。

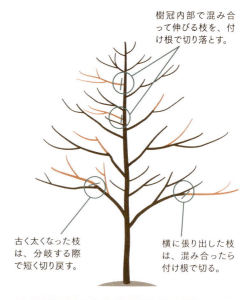

冬の剪定
枝が横に張るので、全体の2/3以上の徒長枝を付け根から切る。数年で主幹を切り戻す。

夏の剪定
樹冠内を乱す枝を付け根で切り、風通しよく整えるのがコツ。

リキュウバイ
利休梅

分類 バラ科　落葉低木／樹高 2〜4m
花色 白／実色 褐色／根 浅い
生長 中間／日照 日なた／乾湿 中間
植えつけ 2月下旬〜3月、10月下旬〜11月

春に咲く清楚な白い花が茶花で人気

[特徴]　芽吹きと同じくらいの時期に咲く白い花は、枝を埋めるほど咲きます。新緑の黄緑色の葉と白い花のコントラストが上品で美しく、清楚な印象です。漢字表記にすると梅の字がありますが、ウメの仲間ではなく、ヤナギザクラ属という別の仲間です。

[用途]　明治時代に中国から渡来した外来種ですが、千利休にちなんだ名前からも茶花として人気があります。日当たりのよい場所を好み、どんな庭にも似合います。庭の外側に向けて植えるとよいでしょう。

[剪定と管理]　放任すると直線的に5mくらいまで伸びますが、古くなってゴツゴツした長い枝の先に華奢な印象の花を咲かせても美しく見えません。枝数を減らし、枝がまばらに見えるように下枝を払い、樹冠内部の徒長枝を大きく抜いて、幹の際から切り取ります。全体に½程度の枝を切り、樹高を2mくらいに抑えるとよいでしょう。
　病害虫は、春先の芽吹きのころにアブラムシがつきやすいので注意します。

冬の剪定
下枝を払い、樹冠内部の徒長枝を大きく抜いて付け根から切り、全体に約½の枝を切る。

夏の剪定
古くて太い枝を整理し、樹冠をコンパクトに抑えるとよい。

リョウブ
令法

分類 リョウブ科　落葉中高木
樹高 3〜15m／**花色** 白／**実色** 茶
根 浅い／**生長** 中間／**日照** 日なた〜半日陰
乾湿 湿りがち／**植えつけ** 3月

まだら模様の幹肌と 白い花穂が美しい

［特徴］　真夏に咲く白い穂状の花はハチが好んで訪れます。株立ちになりやすく、生長にともなって樹皮が剥がれ落ち、独特のまだら模様をつくりだします。日当たりを好みますが、乾燥に弱いので半日陰に植えたほうが育てやすいでしょう。夏に西日が当たる場所は苦手なので注意します。紅葉は深い赤紫色です。

［用途］　コナラやヤマボウシとの相性もよく、木立の中に植えて里山風の情景を演出するとよいでしょう。茶花にも好まれ、雑木の庭によく似合います。

［剪定と管理］　根が浅めに張るため、植えつけた当初は支柱でしっかりと固定します。アリに根をかじられて樹勢が弱ることがあります。
　自然に整った姿になり、生長もあまり速くないので、幹から分岐して出る胴吹き枝の中で、強く伸びる枝を際から切り落とす程度でよいでしょう。
　毎年、全体の⅓程度を、幹の際から切り落とします。枝先を細かく切ると野趣が損なわれるので、切るときは分岐した付け根から切るように気をつけます。

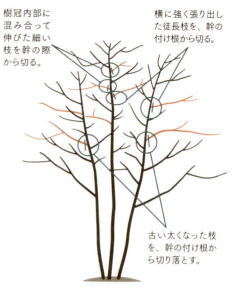

冬の剪定
株立ち状に整う。徒長枝を⅓程度付け根から切る。ひこばえが伸びたら主幹を更新する。

夏の剪定
古くなった横枝や混み合った枝を付け根で切り、風通しよく整えるとよい。

ロウバイ
蝋梅

分類 ロウバイ科　落葉低木／樹高 2～4m
花色 黄／実色 褐色／根 深い／生長 速い
日照 日なた／乾湿 全般
植えつけ 11月～2月中旬

4	5	6	7	8	9	10	11	12	1	2	3
葉の展開						紅葉			葉の展開		
		果実熟期							開花		
			剪定							剪定	

ロウ細工に似た繊細な花と甘い香り

［特徴］　中国から渡来し、ロウ細工のような花を咲かせることから名があります。早春の花の少ない時期に咲き、澄んだ香りを漂わせます。大きな株立ちになり、普通種は花の基部に赤紫色が入ります。花全体が黄色くて清楚な印象のソシンロウバイは、人気があります。

［用途］　建物の近くや庭の外側に植えると、花がよく見えて魅力を発揮します。枝ぶりは直線的で、株姿はあまり風情がありませんが、素晴らしい花と香りなので、庭のポイントに植えておきたい花木です。

［剪定と管理］　日当たりを好み、半日陰でも育ちますが花つきは劣ります。冬に強い北風が当たる場所は苦手です。目立った病害虫はありません。
　植えつけは冬ですが、厳冬期を避けます。根付くまでの3ヶ月は、水切れと風による揺れに気をつけましょう。放任すると4mまで伸びます。ゴツゴツした古い枝は幹の際から約⅓切り取り、新しいしなやかな枝を選んで伸ばします。ひこばえを数本残して育て、数年で主幹を更新します。

冬の剪定
古枝は際から約⅓切り取り、新しいしなやかな枝とひこばえを残す。数年で主幹を更新する。

夏の剪定
古くなった枝や徒長枝を付け根で切り、風通しよく整えるのがコツ。

常緑樹の剪定の基本

古枝や徒長枝を毎年切り
新しくしなやかな枝に更新する

美しい葉を落葉樹の背景として使う常緑広葉樹。胴吹き枝は比較的出やすいので、毎年古い枝を更新する。高くなりがちな樹高を切り戻して低く抑え、しなやかな姿に保つのがコツ。

シャクナゲ類
常緑樹の中でも、華やかで大きな花が魅力。カラフルな西洋シャクナゲよりも淡いピンク色の花の小型種が多いヤクシマ系の園芸種がおすすめ。

ヒサカキ
雑木林の雰囲気を演出する木として使われる。丈夫で常緑のつややかな葉をもち、耐陰性がある。

緑色の葉を庭の背景やアクセントに

　常緑広葉樹の花は、大きくて華やかなシャクナゲのようなタイプと、花があまり目立たないヒサカキのようなタイプに分かれます。ほかにはソヨゴなどのように、実を楽しむタイプがあります。

　人の視線から近い位置で花が咲いたり果実が実るので、庭の中では季節を演出するアクセントになります。多くの樹種では、翌年の花芽の形成時期が開花の数ヶ月後になっています。遅れて剪定すると、既に花芽ができていて、知らずに切り落としてしまうこともあるため、できるだけ早く剪定しましょう。

　比較的生長するスピードは速いのですが、コントロールしやすいのも、このグループの特徴です。花や実を楽しめる樹種は、建物から見える場所や、通路の近くに植えると、季節が巡って来た喜びを実感します。

キンモクセイ
関東の平野部では10月に開花する。橙色の小さな花は強い芳香があり、周囲に秋の訪れを告げる。

「胴吹き枝」を活用する「バランス更新型」

　キンモクセイは、このグループの代表的な生育パターンをもつ雑木のひとつで、手入れをしないと、樹高は6mほどまで伸び、樹冠も大きく広がります。

　毎年横に張り出す胴吹き枝の中で、低い位置から主幹に沿って伸びているものを選んで残し、数年後に差し替えるために残しておきます。

　毎年の手入れは、張り出して伸びた枝を1/3〜2/3ほど、付け根から切り落とします。樹冠が大きくなったら、残しておいた新しい主幹に更新して、先端までしなやかな枝振りのまま、ひと回り小さな樹冠に整えます。

　また、生け垣やスクリーンにする場合でも、刈り込みバサミで先端だけを全て切ってしまうと、翌年の花が咲かなくなります。剪定バサミで間引くように切ると、多少花が減っても、ある程度の開花は見込めます。

常緑樹

アオキ
青木

分類 ミズキ科　常緑低木／樹高 1〜3m
花色 茶／実色 赤／根 中間／生長 遅い
日照 半日陰〜日陰／乾湿 中間〜湿りがち
植えつけ 3〜5月、10〜11月

4	5	6	7	8	9	10	11	12	1	2	3
葉の展開									葉の展開		
開花											
		剪定			果実熟期						
						剪定					

日陰でもつややかで美しい実と葉

[特徴]　つやのある美しい葉と冬に赤く色づく実が、庭のポイントになります。

　雌雄異株で、実を楽しむには雌株を植えます。常緑の葉に白や黄色のまだら模様の入る園芸品種が多数あり、日陰の庭を明るくして変化をつけます。

[用途]　軒下などの日陰で乾燥する場所でも、一度根付けば丈夫に育ちます。建物の裏や目隠しなど、ほかの木が生えにくい場所を彩り豊かにしてくれる、庭の名脇役です。赤くつややかな実が、冬の庭を彩ります。

[剪定と管理]　耐陰性があるので、主に半日陰に植えます。低い樹高でまとまりがよく、コンパクトに収まる樹形です。できるだけまとまった樹形に収めると見応えがあるので、図にあるような饅頭形をイメージしながら、自然な樹形に整えます。

　立ち気味に伸びてくる枝と、徒長枝や下垂枝を付け根から切り落とします。株元からひこばえが伸びて来たら、勢いが強すぎないものを選んで残し、数年に一度、主幹を地際から切って更新させます。

秋〜冬の剪定
樹冠内部の立ち枝、下垂枝、徒長枝を
付け根で切り、数年に一度、主幹を更新する。

夏の剪定
夏は混み合った古い枝を間引いて、
風通しよく整えるのがポイント。

アセビ
馬酔木

分類 ツツジ科　常緑低木／樹高 1.5〜2.5m
花色 白、桃、赤／実色 茶／根 深い／生長 遅い
日照 日なた〜半日陰／乾湿 乾燥〜中間
植えつけ 厳寒期と盛夏を除くいつでも

4	5	6	7	8	9	10	11	12	1	2	3
葉の展開										葉の展開	
開花											開花
		剪定					剪定				

小さな庭にも似合う、半日陰向きの低木

[特徴]　春の枝先にたくさんの壺形の小花を下向きに咲かせます。木漏れ日程度の半日陰で丈夫に育ちます。「馬酔木（あせび）」の名は馬が食べると神経が麻痺して酔ったようになるから。かつては葉を煮出して殺虫剤代わりに利用されていました。

[用途]　特に手をかけなくても樹形が整い、生長が遅いので、狭い庭でも使いやすい木です。放置すると枝が隙間なく固まった感じになるため、枝を間引いて玄関前や通路の近くに植えるとよいでしょう。

[剪定と管理]　花が咲きすぎると株が弱るので、つぼみを間引きます。厳寒期と盛夏以外はいつでも植えられます。グンバイムシやハマキムシに注意します。
　主幹の更新などの大きな剪定を行う場合は花後がよいでしょう。幹の途中から、胴吹き枝が出やすく、剪定しやすい木です。古い枝は花つきも悪くなり、しなやかさに欠けるので、数年で幹の付け根から切ります。毎年全体の約⅓を切って新しく伸びて来た枝に更新します。

冬の剪定
混み合った枝を中心に、約⅓を付け根から切り落とし、胴吹き枝を活かしてしなやかに保つ。

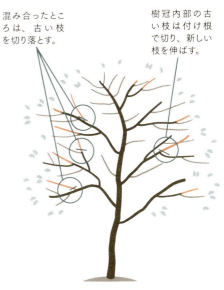

初夏の剪定
混み合った枝と古い枝を間引いて、風通しよく整えるのがポイント。

常緑樹

イヌツゲ
犬黄楊

分類 モチノキ科　常緑小高木／樹高 1～8m
花色 白／実色 黒／根 中間／生長 速い
日照 日なた～半日陰／乾湿 中間
植えつけ 3～4月、9～10月

4	5	6	7	8	9	10	11	12	1	2	3
葉の展開									葉の展開		
	開花				果実熟期						
剪定			剪定								剪定

生け垣ではなく、本来の自然樹形で楽しむ

[特徴]　ツゲの名がありますが、モチノキの仲間です。細工物に使われるツゲと違い、有用でないことからイヌツゲと呼ばれますが、むしろツゲよりも雑木に馴染みやすく、生育はやや速いですがコントロールし易い木です。マメツゲ、キンメツゲなど、黄金葉や斑入り葉の園芸品種が豊富です。

[用途]　刈り込みで生け垣に利用されることが多いのですが、刈り込まずに枝先を伸ばして緑陰をつくり、落葉樹と常緑樹のつなぎ役として、主役の木を引き立てると、きれいにまとまるのでおすすめです。

[剪定と管理]　主幹から細かく横に枝が伸びるので、立ち枝と下垂枝、徒長枝を全て付け根で切り取り、全体の約½の枝を切り取ります。すんなり伸びた横枝だけにするイメージです。樹冠から強く飛び出した徒長枝は、放置すると樹形を乱す原因になるので、見つけ次第、早めに幹の際から切り取ります。

　病害虫はハマキムシがつきやすいので、春と秋は見つけ次第、早めに退治するように注意します。

春の剪定
横枝を残し、立ち枝、下垂枝、徒長枝を付け根で切り、全体の約½を切り取る。

夏～秋の剪定
強く伸びた徒長枝と混み合った古い枝を付け根で切ると、すっきりと風通しがよくなる。

オリーブ

分類 モクセイ科　常緑中高木
樹高 2〜10m／花色 黄白色
実色 緑色〜暗褐色／根 浅い／生長 中間
日照 日なた／乾湿 乾燥／植えつけ 3〜4月

4	5	6	7	8	9	10	11	12	1	2	3
葉の展開											
	開花			果実熟期							
剪定		剪定							剪定		

風で裏返る銀色の葉、食用になる実

[特徴]　乾燥に強く、地中海沿岸地方を代表する果樹で、寒さを嫌います。葉は堅い披針形で、風で揺れると、葉の裏側がちらちらと見え、銀灰色がかった緑色の表面も相まって、美しい添景木としてさかんに植えられています。近年は、小豆島で生産されています。

[用途]　日当たりのよい軒下などの乾燥する場所でも、一度根付けば丈夫に育ちます。荒れ地でも丈夫に育ち、コンテナやベランダ、屋上などにも適します。根が浅いので、植えつけ時は支柱で支えます。

[剪定と管理]　5〜6月に黄白色の小花を穂状に咲かせますが、自家受粉しないので果実を結実させるには、2品種必要です。移植は避けます。

ゾウムシの被害にあいやすいので、幹からおがクズが出ていたら、注意深く観察し、食い入り穴を見つけて駆除します。

細くてしなやかに伸びる枝を残し、徒長した枝や立ち枝が多く出るので枝の付け根から切り取ります。古くなってゴツゴツした枝も切って更新させます。

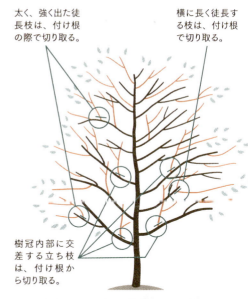

春の剪定
樹冠内部に交差する立ち枝は、付け根から切り取り、数年に一度は主幹も更新して差し替える。

夏〜秋の剪定
夏は混み合った古い枝を間引いて、風通しよく整えるのがポイント。

カクレミノ
隠蓑

分類 ウコギ科　常緑小高木
樹高 3〜5m／花色 黄緑／実色 黒
根 深い／生長 中間／日照 半日陰
乾湿 中間／植えつけ 4〜5月

4	5	6	7	8	9	10	11	12	1	2	3
葉の展開											葉の展開
		開花									
					果実熟期						
	剪定							剪定			

ユニークな葉形で日陰と乾燥にも耐える

[特徴] つやのある卵形の葉は、大きく2〜3つに裂けます。細い幹がすらりと立ち上がって株立ちになり、上部に葉をつけた姿を、身を隠す蓑に見立てて名付けられました。夏に黄緑色の小花を球状につけ、果実は秋〜冬に黒く熟し、地味ながらも風情があります。

[用途] 日陰でもよく耐えることから、建物の北側の目隠しや暗い中庭、ほかに木が生えにくい軒下などに使われます。寒さに弱いので寒冷地では育ちません。

[剪定と管理] 腐植質に富んだ、保湿性と水はけを兼ね備えた土を好みますが、乾燥気味でも育ちます。

施肥は2月と8月に、少量の固形肥料を施します。特に目立った病害虫はありません。日陰に生える木の中では、とても丈夫で、放任すると徒長します。

混み合った枝を付け根から切り落とし、先端に強い徒長枝が出たら、早めに付け根で切ります。全体の約⅔を切り落とします。樹高が伸びたら、下の方から主幹を切り、胴吹き枝を活かして主幹を更新させます。

冬の剪定
混んだ枝と徒長枝を約⅔程度付け根で切り、主幹が伸びたら低い位置で切り戻す。

夏の剪定
古い枝を中心に、ひと回りコンパクトに収まるように、¼程度の枝を整理する。

カラタネオガタマ
唐種招霊

分類 モクレン科　常緑小高木
樹高 2〜5m／花色 黄／実色 茶
根 深い／生長 遅い／日照 日なた〜半日陰
乾湿 中間／植えつけ 7〜9月

4	5	6	7	8	9	10	11	12	1	2	3
葉の展開									葉の展開		
	開花				果実熟期						
		剪定				剪定					

樹冠内部を乱す余分な脇枝を、幹の際で切り落とす。

幹に出て来た下枝を幹の付け根から切り落とす。

秋の剪定
生長が穏やかなので、混み合った脇枝を切るだけでよく、適期に少量の施肥を行うとよい。

遠くから誘われるほど甘い香りを放つ花

[特徴]　在来種のオガタマは、暖地の山地に生える常緑高木ですが、主に流通するのは中国原産のカラタネオガタマで、トウオガタマとも呼ばれます。

普通種の花は淡い黄色で、10m離れていてもバナナのような甘い香りが届きます。シックな赤紫色の美しい花が咲く園芸品種の'ポートワイン'は、バニラに似た甘い香りが魅力です。

[用途]　あまり樹高が伸びないので、小さな庭でもアクセントに使いやすいおすすめの木です。

[剪定と管理]　寒さに弱いので、植えつけは十分暖かくなってから行うのがポイントです。また、冬に冷たい北風が当たるところは避けます。施肥は3〜4月と7月に行いますが、きちんと肥料をあげると、耐寒性や花つきが向上するので、忘れずに少量を与えます。

徒長枝も少なく、生長も遅いので、幹に出て来た下枝を幹の付け根から切り落とし、余分な脇枝を切り落とす程度です。切り落とす枝の量は、全体の¼〜⅓程度に抑え、風通しをよくしておきます。

混み合ったところでは、古くて太い枝を付け根から切る。

古くて太くなった枝は付け根で切り落とし、新しい枝に更新する。

初夏の剪定
古くなった枝を付け根で切り、約⅓を入れ替えて更新させる。

常緑樹

カルミア

分類 ツツジ科　常緑低木／樹高 1～5m
花色 白、桃、紅／実色 暗紫色／根 浅い
生長 遅い／日照 日なた～半日陰
乾湿 中間／植えつけ 3～4月、9～10月

4	5	6	7	8	9	10	11	12	1	2	3
葉の展開								葉の展開			
	開花				果実熟期						
		剪定				剪定					

金平糖のような愛らしいつぼみと可憐な花

[特徴]　北アメリカ東部原産。日本の気候によく馴染み、丈夫で花もよく咲くので、もっと庭に植えて欲しいおすすめの木です。

　別名アメリカシャクナゲといわれ、シャクナゲの近縁種ですが、葉も花も小形です。つぼみが金平糖に似ていて、集まって咲く花は、花弁が浅く5つに裂け、基部に紅紫色の斑点があります。

[用途]　半日陰でも育ちますが、日当たりが悪いと花つきが減ります。園芸品種が多数あり、あでやかな花色でよく咲く'オスボレッド'は、和洋を問わず、庭のポイントに使いやすい花色です。

[剪定と管理]　施肥は3月と6月か9月に行います。乾燥に弱いので、植え穴には多めに堆肥を混ぜ込み、株元を腐葉土でマルチングします。

　花がらを放置すると、病気になったり、多数結実して樹勢が衰えるので摘み取りましょう。幹は細くてよく枝分かれし、こんもりとした樹形になるので、混み合った枝を間引いてしなやかなラインに整えます。

秋の剪定
透くように混み合った枝を付け根から切る。
隙間がないずんぐりした樹形にしないように。

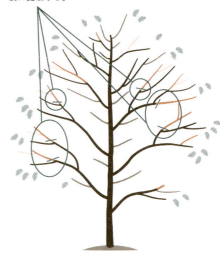

夏の剪定
樹冠内部が蒸れないように、
古い枝を付け根から⅓程度切り落とす。

カンキツ類
柑橘類

分類 ミカン科　常緑低木〜小高木
樹高 3〜5m／花色 白／実色 黄、橙
根 深い／生長 遅い／日照 日なた
乾湿 中間／植えつけ 3月中旬〜4月上旬

4	5	6	7	8	9	10	11	12	1	2	3
葉の展開										葉の展開	
開花				果実熟期							
			剪定				剪定（枝抜き）				

さわやかな香りが魅力で、親しみのある果樹

[特徴]　花や実にさわやかな香りがあり、古くから親しまれます。雑木の庭に植えるのは、ナツミカンやスダチ、カボス、ユズ、キンカン、レモンなどです。秋から冬にかけて黄色く熟す果実は、長く楽しめます。

[用途]　雑木にあわせやすいのは寒さにも強く、立ち姿に野趣のあるユズとキンカンで、5月に咲く甘くさわやかな香りのする白い花が魅力です。建物の近くや通路の脇などに植え、香りと実の収穫を楽しみます。

[剪定と管理]　植え場所は、冬に寒風の当たらない日当たりのよいところが適します。枝が混むと通風と採光が悪くなるので3月上旬〜中旬に枝抜きをします。施肥は2月〜3月上旬と9月中旬〜10月で、伸びすぎたり野趣が損なわれるので、肥料は控えめに株元から少し離れたところに与えます。アゲハチョウの幼虫が葉を食害するので、見つけ次第捕殺します。

　剪定は、徒長枝を付け根から全体の約⅓切り取ります。古い枝には実がつきにくくなるので、数年に一度は胴吹き枝を活かして切り戻し、枝を更新させます。

春の剪定
徒長枝を全体の約⅓切り、数年に一度、胴吹き枝を活かして古枝を更新させる。

夏〜秋の剪定
古くなった枝を付け根で切り、樹冠内部を風通しよく整える。

常緑樹

キョウチクトウ
夾竹桃

分類 キョウチクトウ科　常緑中高木
樹高 2〜5m／花色 桃、白、赤、オレンジ
実色 褐色／根 深い／生長 速い／日照 日なた
乾湿 やや湿潤／植えつけ 4〜6月、9月

4	5	6	7	8	9	10	11	12	1	2	3
葉の展開									葉の展開		
	開花								果実熟期		
剪定			剪定							剪定	

強健で大気汚染に強く、夏中よく咲く

[特徴]　夏から秋口まで絶え間なく咲き、大気汚染にも強いので道路脇などにも植えられます。春に枝先に花芽が作られます。日当たりが悪いと花が減ります。花、葉など全てに毒の成分が含まれているので、切り口から出る汁が皮膚に触れないように注意します。

[用途]　日当たりを好みますが、生育が早いので半日陰の方が制御しやすいです。ただし、花数は減ります。

[剪定と管理]　水はけがよく有機物の多い保水力のある土が適します。暖かい地域の樹木なので、植えつけ後、発根するまでは、ある程度の期間、土の温度が下がらない時期を選んで植えつけます。

花つきをよくするには2月ごろに有機質肥料を株元の周辺に与えます。4月以降の暖かい時期は、炭そ病とアブラムシに注意します。

生育が速いので、放任すると大きく伸びます。開花期が終わる9〜10月と、翌年の3〜4月に、伸びた枝や太くなった枝の間引きや切り戻しを行います。

春の剪定
徒長枝や太くなった枝を付け根から切り、全体の約3/3を間引くように、混み合った部分を多めに切る。

立ち上がったり強く伸びる徒長枝は、付け根から切る。

古くて太くなった枝は、幹の付け根で切り落とす。

秋の剪定
混み合った古い枝を間引いて、風通しよく整えるのがポイント。

古くて太くなった枝は付け根で切り落とし、新しい枝に更新する。

キンモクセイ
金木犀

分類 モクセイ科　常緑小高木／樹高 3〜6m
花色 橙／根 深い／生長 遅い
日照 日なた〜半日陰／乾湿 中間
植えつけ 2月下旬〜3月上旬

秋を感じさせる、香りのよい花木

[特徴]　春のジンチョウゲ、夏のクチナシと共に、日本の三大芳香花木に数えられる香りのよい木です。

江戸時代に中国から渡来しました。9〜10月にオレンジ色の芳香花を葉腋に多数咲かせます。

花の白いギンモクセイの変種とされ、雌雄異株で日本には雄株しか渡来していないため、果実はできません。同じく変種に花色の薄いウスギモクセイは関西に多く植えられています。

[用途]　刈り込みに強いため、庭や公園でよく生け垣に使われたり、ろうそく仕立てとして使われますが、1本でも林の雰囲気を出しやすいので、刈り込まずに自然樹形にしたほうが持ち味を発揮できます。庭の隅や雑木の間に、ポイントとして植えつけます。

[剪定と管理]　剪定は混んだ枝と徒長枝を付け根から間引く程度にし、全体の約⅔の不要枝を切り取ります。剪定の時期は、主に花後から3月と夏に行い、施肥は1月下旬〜2月に固形肥料を少量与えます。

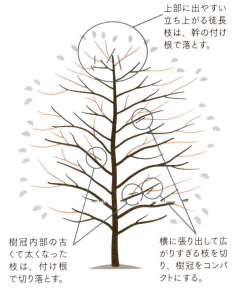

秋〜冬の剪定
混んだ枝と徒長枝を付け根から間引くように切り取り、全体の約⅔の不要枝を切る。

夏の剪定
古い枝と横に張り出した枝を付け根で切り、風通しをよくするとよい。

常緑樹

シイ（スダジイ）
椎

分類 ブナ科　常緑高木／樹高 20～30m
花色 黄／実色 茶／根 深い／生長 中間
日照 日なた～半日陰／乾湿 中間
植えつけ 3月上旬～4月、9月下旬～10月

4	5	6	7	8	9	10	11	12	1	2	3
葉の展開											葉の展開
	開花				果実熟期						
剪定			剪定		剪定						剪定

秋に実るドングリが
馴染み深い雑木

[特徴] 子どものときに誰もが一度はドングリで遊んだ、懐かしい木です。スダジイは葉が細くて先が尖り丸みのある樹形、マテバシイは葉先が丸くがっしりした樹形です。花は穂状で雄花がよく目立ち、スダジイは垂れ下がり、マテバシイは立ち上がります。

[用途] 葉色の明るいスダジイが、雑木の庭にはよく合います。日なたから半日陰のどこでも適応しますが、生育が速いため、半日陰のほうがコントロールはしやすいです。庭の骨格を作る木です。

[剪定と管理] スダジイは山地に生え、マテバシイは沿岸地に生えますが、どちらも丈夫で刈り込みにも耐えます。特にかかりやすい病害虫はありません。
　全体的によく枝が伸びるので、立ち枝や下垂枝、徒長枝を中心に付け根で切り、約⅔を切り取ります。
　樹高が高くなりやすいので、数年に一度は、低い位置に出た胴吹き枝の上で切り、主幹を切り戻して低く抑えます。

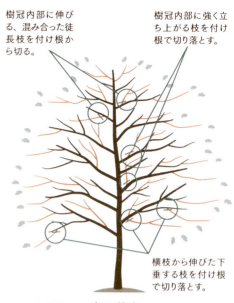

春の剪定
生育が速く、立ち枝や下垂枝、徒長枝を付け根で約⅔を切る。数年に一度は、主幹を低く切り戻す。

樹冠内部に伸びる、混み合った徒長枝を付け根から切る。

樹冠内部に強く立ち上がる枝を付け根で切り落とす。

横枝から伸びた下垂する枝を付け根で切り落とす。

夏と秋の剪定
混み合った部分を間引き、樹冠内部まで風通しをよくするのがポイント。

古くなった樹冠内部の枝は、混み合ったら付け根の際で切る。

シマトネリコ
島戸練子

分類 モクセイ科　半常緑～常緑高木
樹高 10m以上／花色 白／実色 茶／根 深い
生長 速い／日照 日なた～半日陰
乾湿 中間／植えつけ 5月上旬～10月

4	5	6	7	8	9	10	11	12	1	2	3
葉の展開											
		開花									
					果実熟期						
剪定					剪定			剪定			

常緑で細く涼しげな葉が
人気の強健種

[特徴]　樹勢が強い常緑高木で、普通の常緑樹とは異なった細くさらりとした葉が涼しげな印象です。放任すると10m以上に育ちます。花は白い穂状で、開花期は株を覆うほど花つきがよく、夏に白いサヤができます。大変丈夫なことや、常緑で育てやすいことから、人気がありますが、生育旺盛で伸びすぎてしまう傾向があります。また寒さに弱く、暖地向きです。

[用途]　ほかの雑木とは樹形のシルエットが異なるため、単独でシンボルツリーとして使ったほうがよいでしょう。

[剪定と管理]　施肥は不要です。特に春から夏によく育つので、夏の水切れは禁物です。朝か夕方にしっかりと水やりします。
　春先から秋まではアブラムシがつきやすいので注意します。手入れはゴツゴツとした固い枝が出やすいので、徒長枝や太い枝を幹の付け根から大きく間引くように切り落とします。全体の1/3より多めに切り落とし、できたら年に2回、剪定します。

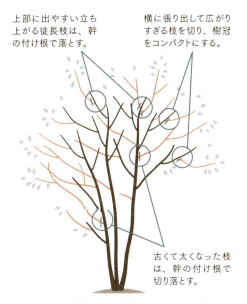

冬から春の剪定
全体の1/3より多く、伸びた枝を付け根から切り落とす。数年に一度、古い幹を切って更新する。

秋の剪定
樹冠内部の古い枝や混み合った箇所を、付け根で切るのがコツ。

常緑樹

シャクナゲ類
石楠花

分類 ツツジ科　常緑低木／樹高 2〜3m
花色 白、桃／実色 茶／根 浅い／生長 遅い
日照 半日陰／乾湿 中間
植えつけ 3月〜4月上旬、10〜11月

4	5	6	7	8	9	10	11	12	1	2	3
葉の展開											葉の展開
開花											
剪定				剪定							剪定

豪華な花と、まとまりのよい樹形

[特徴]　あまり華やかさがない雑木の庭を彩る、アクセントになる花木です。園芸品種も豊富で、春の枝先にまとまって美しい大型の球状状に花を咲かせ、はっきりとした存在感があります。

[用途]　極端な寒さ、暑さを嫌いますが、耐暑性に優れた品種もあるので目的によって使い分けます。セイヨウシャクナゲは、花が大きくて派手すぎるので、雑木の庭にはアカボシシャクナゲやヤクシマシャクナゲの交配種が適します。

[剪定と管理]　腐植質に富んだ水はけのよい酸性土壌を好むため、植えつける際は、腐葉土を冬にたっぷりとすき込んでから植えると、とても花つきがよくなります。1〜2月には寒肥を与えるとよいでしょう。
　病害虫は少ないのですが、西日と乾燥に弱いので、植え場所と水切れには気をつけます。生長が遅いので、剪定は混み合った枝や古い枝を付け根から切る程度で、全体の⅓弱を切り取ります。すでに花芽ができているので、できるだけ落とさないようにします。

春の剪定
花芽を確認しながら、混んだ枝や古い枝を、付け根から全体の⅓弱を切る。

秋から冬の剪定
古くなった枝を中心に付け根で切って、新しい枝に更新させるとよい。

シラカシ
白樫

分類 ブナ科　常緑大高木／樹高 20m以上
花色 黄／実色 茶／根 深い／生長 速い
日照 半日陰／乾湿 中間
植えつけ 5〜6月

芽吹きが美しい
繊細な常緑樹

[特徴]　葉が細く繊細な印象です。果実はドングリとして、昔から日本人に親しまれてきました。春の新芽が美しく、最大の魅力です。

[用途]　武蔵野では、古くから防火や防風のための高垣として植えられることが多く、乾燥にも強く、日当たりを好みます。大きく伸びるので、半日陰のほうがコントロールは楽です。
　雑木の庭では、スクリーンとして数本を列植したり、北側の背景や点景、目隠しとして使います。

[剪定と管理]　害虫はあまりつかないのですが、うどんこ病になりやすいので、風通しよく管理します。
　放置すると、非常に大きく伸びるので、できたら年に2回、初夏と冬に剪定します。夏はあまり強く切ると、秋までに徒長枝がたくさん出るので、混み合った部分のみを落とします。樹冠内部の枝は、立ち枝、下垂枝、徒長枝などの混み合った枝を½〜⅔ほどバッサリ付け根で切り落とし、しなやかで横に細く伸びる枝のみを残します。

冬の剪定
樹冠内部の混み合った枝を½〜⅔切り落とし、しなやかで横に細く伸びる枝のみを残す。

夏の剪定
混み合った箇所は付け根で切り、風通しよく整えるのがポイント。

常緑樹

ソヨゴ
冬青

分類 モチノキ科　常緑小高木
樹高 3～7m／花色 白／実色 赤／根 浅い
生長 遅い／日照 日なた～半日陰
乾湿 中間／植えつけ 6～7月

つやのある葉と、冬に引き立つ赤い実

[特徴]　革質の葉は光沢があり、やや薄くて風を受けてそよぐ葉や枝がやわらかく、常緑樹のなかでは繊細な枝振りです。雌雄異株で、白い花は目立ちませんが、直径7～8mmの球形の赤い実が長い果柄の先に下垂し、風に揺れます。

[用途]　刈り込まずにポイントになる場所に植えるか、庭の間仕切りや目隠しに、自然風のスクリーンとして使います。株立ちにもなり、自然に樹形が整うので、通路の近くにも似合います。

[剪定と管理]　日なたを好みますが、耐陰性もあり、西日を避けた場所を選びます。施肥は1～2月に有機質肥料か緩効性化成肥料を与えます。春から初夏にハマキムシの被害にあうので、注意して観察し、見つけ次第、捕殺します。
　剪定は株立ち状の樹形を活かし、混み合った枝と徒長枝を付け根から⅔程度切り取ります。伸びすぎても、胴吹き枝が出やすいので、低い位置から伸びたひこばえの上で切り取って低めに枝を更新します。

上部に出やすい立ち上がる徒長枝は、幹の付け根で落とす。

古くて太くなった枝は、幹の付け根で切り落とす。

横に張り出して広がる枝を切り、樹冠をコンパクトにする。

春の剪定
混んだ枝と徒長枝を付け根から約⅔切り取り、低い位置に出たひこばえの上で切り戻す。

古くなった枝は付け根で切り落とし、新しい枝に更新する。

古くて太くなった樹冠内部の枝は、幹の付け根で切り落とす。

夏の剪定
古い枝を中心に、樹冠内部の混み合った枝を⅓ほど付け根で切る。

タイサンボク
泰山木

分類 モクレン科　常緑大高木
樹高 20m以上／花色 白／実色 白
根 深い／生長 遅い／日照 日なた
乾湿 湿りがち／植えつけ 3～4月

4	5	6	7	8	9	10	11	12	1	2	3
葉の展開									葉の展開		
	開花										
				果実熟期							
剪定	剪定									剪定	

大きく華やかで、おおらかな印象の白い花

［特徴］　長さ20cm以上ある長楕円形の葉は、表面はつややかな濃緑色、裏面は褐色の毛が密生し、表裏の色の違いが印象的です。
　初夏に咲く白い花は、咲きはじめに甘い芳香を放ちます。高い梢に上向きに咲き、直径15～20cmの大きな盃形です。

［用途］　遠目から見ると濃緑色の大きなシルエットとなるので、庭の外側から見える場所や建物から見える少し離れた場所に植えて、白い花や雄大な美しい樹形を楽しみます。

［剪定と管理］　日当たりが好きで、日照条件が悪いと花があまり咲きません。植え場所に注意しましょう。
　植えつけは、移植を嫌うので十分な根回しが必要です。施肥は1月と7月に行います。
　生長が穏やかなのであまり多くの枝を一度に切らないようにします。樹冠内部の混み合った枝と徒長枝を全体の⅓よりやや少なめに、付け根から切り取ります。樹高が高くなったら、低い位置から伸びた胴吹き枝を活かし、上から切り落として低く仕立て直します。

春の剪定
混んだ枝と徒長枝を全体の⅓より少なく付け根で切る。胴吹き枝を活かし低く切り戻す。

夏の剪定
夏は混み合った古い枝を間引いて、風通しよく整えるのがポイント。

ツバキ、サザンカ
椿・山茶花

常緑樹

分類 ツバキ科　常緑低木～中高木
樹高 5～15m／花色 白、桃、紅
実色 茶／根 深い／生長 遅い
日照 日なた～日陰／乾湿 中間
植えつけ 3～4月、6月下旬～7月上旬、9月

つややかな葉で、晩秋から早春に次々に咲く

［特徴］ ヤブツバキと近縁のユキツバキなどを交配親にして多くの品種があり、花の少ない冬に長期間咲き続けます。耐陰性が強いのも特徴です。

　サザンカはツバキのように花が丸ごと落ちず、花びら一枚ずつがばらばらになって落ちます。花期は10～12月でツバキのように長く咲き継ぎません。八重咲きやさまざまな色の園芸品種があります。

［用途］ 雑木の庭には原種系の一重の花や小型のワビスケ、可憐なオトメツバキなど、楚々とした雰囲気のものが似合います。

　サザンカは、ツバキよりも雑木の庭には馴染みやすく、生け垣のほか、通路脇にも適します。

［剪定と管理］ 施肥は1月～3月上旬と5月下旬～7月に行い、少量を株元から少し離した場所に与えます。

　樹冠内部の立ち枝や下垂枝と徒長枝を付け根から切り取り、全体の約⅔の枝を切ります。樹高が伸びたら胴吹き枝の上で主幹を切り戻して低く整えます。

　5～6月はチャドクガに注意します。

冬の剪定
樹冠内部の不要枝や徒長枝を付け根から全体の約⅔を切る。伸びた主幹は低く切り戻す。

樹冠内部に強く立ち上がる徒長枝は、付け根の際で切り取る。

横に張り出して広がりすぎる枝を切り、樹冠をコンパクトにする。

古くて太くなった下枝は、付け根で切り落とす。

春と夏の剪定
古い枝を中心に、混み合った枝を付け根で切り落とし、風通しをよくする。

古くて太くなった枝は付け根で切り落とし、新しい枝に更新する。

トキワマンサク
常葉満作

分類 マンサク科　常緑小高木
樹高 10m以上／花色 白、紅
根 中間／生長 速い／日照 日なた
乾湿 中間／植えつけ 4月、9月

4	5	6	7	8	9	10	11	12	1	2	3
葉の展開									葉の展開		
開花											
		剪定							剪定		

マンサクに似た
白花と赤花が魅力

[特徴]　伊勢神宮にも自生し、緑葉・白花が基本種です。中国原産のベニバナトキワマンサクは濃桃色の花、赤銅色と緑色の葉の両方がありますが、雑木の庭には、白花の在来種が調和します。
　春の花時には、株全体が花で覆われるほど、花つきがよく、特に中国産の種は非常に花つきがよいです。

[用途]　効果的な使い方は目隠しですが、あまり刈り込んだりせずに、ラフな列植にすると自然な印象です。庭の外側の日当たりのよい場所に、ポイントとして植えるのも似合います。

[剪定と管理]　病害虫も少なくて丈夫です。施肥は12〜1月です。生育が旺盛で、放任すると細かい枝が樹冠内部に多く出るので、徒長枝と混み合った部分を中心に、全体の½程度まで大きく枝を切り取ります。
　切る場合は、付け根から切らないと、細かく枝が噴いてしまうので、必ず付け根ギリギリで切り取ります。低く抑えたいときは、胴吹き枝を生かして伸ばし、思いきって短く、下のほうから切り戻します。

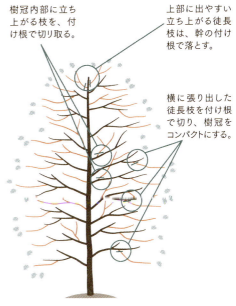

冬の剪定
徒長枝と混み合った部分を中心に、全体の½程度まで大きく付け根から枝を切り取る。

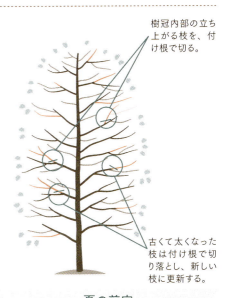

夏の剪定
古い枝と立ち上がる枝を付け根から切り落とし、風通しよく整える。

常緑樹

ハイノキ
灰木

分類 ハイノキ科　常緑小高木
樹高 5〜10m／花色 白／実色 黒紫色
根 浅い／生長 遅い／日照 半日陰〜日陰
乾湿 やや湿潤／植えつけ 6〜7月

4	5	6	7	8	9	10	11	12	1	2	3
葉の展開											
	開花										
			果実熟期								
剪定			剪定							剪定	

常緑樹とは思えない、細くサラサラの葉が人気

[特徴]　枝葉を焼いて灰をつくり、染色に使われることから名がつきました。薄い革質の葉は常緑樹とは思えないほどサラサラと細く、風を受けてそよぎます。白い花は丸く清楚で美しく、見る人の目を引きます。細くしなやかな幹が株立ち状になり、自然に樹形が整います。

[用途]　半日陰を好みますが、かなり日陰でも大丈夫です。コナラやモミジなどの木陰に添えると似合います。西日を避けた場所を選び、水切れに弱いので保水性のある土に植えます。

[剪定と管理]　施肥は1〜2月に有機質肥料や緩効性化成肥料を少量与えます。花後に一部の葉が落葉するので、枯れたと勘違いされることがありますが、水さえ切らさなければ、少し経つと新しい芽が先端から伸びて来ます。気になる病害虫もありません。
　樹冠からはみ出して伸びた枝を、全体の⅔ほど付け根から切り落とします。枝が混み合うと持ち味が損なわれるので、混み合った枝は幹の付け根から切り落として透かします。

春の剪定
樹冠からはみ出して伸びた枝と混み合った枝を、全体の⅔ほど付け根から切り落とす。

夏の剪定
古くなった枝を⅓ほど、付け根から切り落とし、風通しよく整える。

ヒサカキ
柃

分類 サカキ科(ツバキ科)　常緑小高木
樹高 4〜10m／花色 白／実色 黒／根 深い
生長 中間〜やや遅い／日照 半日陰
乾湿 中間〜やや乾燥
植えつけ 3月下旬〜7月、9〜12月

4	5	6	7	8	9	10	11	12	1	2	3

葉の展開

開花 果実熟期 開花
剪定

雑木林の風情を演出する、耐陰性のある木

[特徴]　サカキに似ていますが、全体的に小ぶりな印象で、ややスマートな小さい葉が密生しています。春には白くて小さな花が枝にびっしりと咲き、秋には黒紫色の実がなり、メジロなどが好んで食べます。

[用途]　耐陰性もあり、刈り込みにも耐えるため、生け垣などに使われます。通路の際や骨格になるコナラなどの株元に、無造作に刈り取ったようにあしらうと引き立ちます。

[剪定と管理]　特にこれといって目立つ病害虫はありません。丈夫で芽吹きもよく、コントロールしやすい木です。
雑木の庭では、主にヒサカキを鎌で刈った風情に低く仕立て、「鎌刈りのヒサカキ」と呼ばれて親しまれます。落葉高木の間に点在させてポイントになる景観となり、野趣を演出します。
古く太い幹を地際で切って更新し、徒長枝を付け根から切り、全体の2/3程度を落とします。

春の剪定
古く太い幹を地際で切って更新し、徒長枝を付け根から切り、全体の2/3程度を落とす。

夏〜秋の剪定
樹冠内部を乱す枝や古い枝を1/3程度、付け根から切り落とす。

常緑樹

ベニカナメモチ
紅要黐

分類　バラ科　常緑中高木／樹高 3〜10m
花色 白／実色 赤／根 太く深い
生長 速い／日照 日なた〜半日陰
乾湿 中間／植えつけ 3〜4月、9〜10月

4	5	6	7	8	9	10	11	12	1	2	3
葉の展葉					葉の展葉						
開花					果実熟期						
剪定					剪定			剪定			

生垣で馴染み深く、赤い芽出しの葉が冴える

[特徴]　強健で萌芽力があるため、生け垣に使われることが多い木です。ベニカナメモチとして流通しているものは、ほぼ園芸品種の'レッドロビン'です。刈り込むと赤い新芽が伸びるので、こまめに切り戻せば何度も赤い葉を見られます。

[用途]　根が粗くて細根が少ないため、移植しにくい木です。そのため、ベランダや狭いスペースでは鉢植えにして数株を並べて育てるのもひとつの方法です。生垣以外に、通路脇のポイントなどにも使えます。

[剪定と管理]　耐陰性はありますが日当たりを好み、切らずに伸ばすと2階の屋根を超える大木になります。
　葉にかさぶた状の斑点ができたら、ごま色斑点病です。発生初期に適用がある殺菌剤を散布します。
　生育スピードが速いため、樹高を低く抑えるためには年に3回剪定するのが理想ですが、冬と初夏の2回、きちんと整枝すれば自然な樹形を維持できます。雑木の庭で自然樹形を保つには、樹冠内部の古くて太い枝を間引くように、幹の付け根から切り落とします。

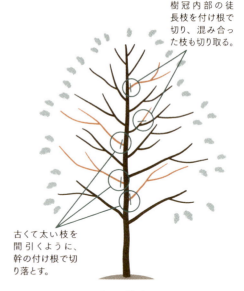

樹冠内部の徒長枝を付け根で切り、混み合った枝も切り取る。

古くて太い枝を間引くように、幹の付け根で切り落とす。

冬の剪定
古くて太くなった枝を間引くように、全体の約½〜⅓を付け根から切り落とす。

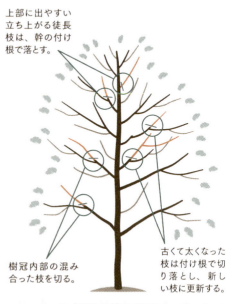

上部に出やすい立ち上がる徒長枝は、幹の付け根で落とす。

樹冠内部の混み合った枝を切る。

古くて太くなった枝は付け根で切り落とし、新しい枝に更新する。

初夏と秋の剪定
混み合った枝と古い枝を間引いて、風通しよく整えるとよい。

マサキ
柾

分類 ニシキギ科　常緑小高木／樹高 3〜5m
花色 黄／実色 桃／根 浅い／生長 速い
日照 日なた〜日陰／乾湿 中間／植えつけ
3月中旬〜4月上旬、9月中旬〜10月中旬

芽吹きの様子が美しく、明るい葉色が魅力

[特徴]　芽吹きの時期は、葉色の美しさが際立ちます。雌雄異株で、雌木は桃色の果実をつけます。

　新梢が黄金色の'ホンベッコウ'、淡黄色覆輪斑の'オオサカベッコウ'、白色覆輪斑の'ギンマサキ'など、カラフルな斑入り葉の園芸品種が豊富です。

[用途]　耐陰性もあり、芽吹きがよく、樹勢が強くて生育が速いことから、思い通りの樹形に維持するのも容易です。通路の脇や玄関の近く、庭の外側の目隠しが必要な場所など、視線を遮るのにも便利です。

[剪定と管理]　植えつけは腐葉土か堆肥を多めに入れて、土に保湿性をもたせます。生育が悪いときは、5月中旬〜6月と9月中旬〜11月か2月中旬〜3月中旬に、株元から少し離れた場所に少量の肥料を与えます。

　病害虫は、チャドクガとうどんこ病にかかり易いので注意し、見つけ次第、対処します。

　手入れは樹冠内部の横枝を活かし、全体の約½を切り、上下に伸びる枝と徒長枝を付け根から切ります。樹高が伸びたら、胴吹き枝の上で主幹を切り戻します。

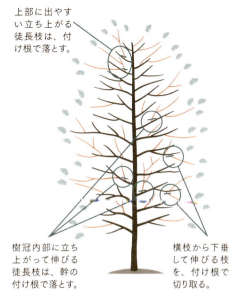

冬の剪定
上下に伸びる枝と徒長枝を全体の約½切る。高くなったら胴吹き枝の上で主幹を切って更新する。

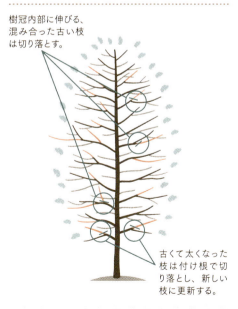

夏〜秋の剪定
混み合った枝や古い枝を間引いて、株の内側まで風通しと日当たりがよくなるように整える。

常緑樹

モチノキ
黐木

分類 モチノキ科　常緑小高木
樹高 5〜10m／花色 黄／実色 赤／根 浅い
生長 遅い／日照 日なた〜半日陰／乾湿 中間
植えつけ 4月〜7月上旬、9月中旬〜10月中旬

4	5	6	7	8	9	10	11	12	1	2	3

葉の展開
開花
果実熟期
剪定　　　　　　　剪定　剪定

日陰に耐え、使いやすい常緑樹の代表

[特徴]　樹皮からトリモチを採ったため、この名があります。雌雄異株で潮風や大気汚染に耐え、雑木との相性もよい、使いやすい木です。秋にたくさんの赤い果実が実ります。

[用途]　玉仕立てのほか、列植して目隠しにするなど、伝統的な和風の庭でよく使われる定番の木です。

雑木の庭では目隠しやスクリーン、間仕切り、通路脇などに使い、主役には使いません。

[剪定と管理]　茂りすぎて風通しが悪いとハマキムシやカイガラムシが寄生し、すす病が多発するので注意します。特にすす病は蔓延すると全体が真っ黒になるので早めに対処します。

生育が悪い場合は、1〜2月に施肥を少量行います。樹冠内部に細かい立ち枝や下垂枝がよく出るので、付け根から切り取ります。しなやかに横に出た枝を活かし、徒長枝や不要な枝を切り取ります。樹高が伸びすぎたら、低い位置から出た胴吹き枝の上で切り、低く切り戻します。

冬の剪定
樹冠内部の混み合った枝と徒長枝を中心に、全体の約⅓の枝を付け根から切り落とす。

（樹冠内部や頂部の立ち上がる徒長枝は、付け根で落とす。）
（横に張り出して広がりすぎる枝を切り、樹冠をコンパクトにする。）
（横枝から下垂して伸びる枝を、付け根で切り取る。）

春の剪定
混み合った古くて太い枝を付け根で切り、新しい枝に更新する。

（立ち上がったり横に突き出す徒長枝は、付け根の際で切り取る。）
（古くて太くなった枝は付け根で切り落とし、新しい枝に更新する。）

モッコク

木斛

分類 サカキ科(ツバキ科)常緑中高木
樹高 5～15m／花色 クリーム色
実色 赤／根 深い／生長 遅い
日照 日なた／乾湿 湿りがち
植えつけ 3月下旬～4月上旬、10月中旬～11月

江戸五木のひとつで、「庭木の王」

[特徴] 伝統的な「作庭式」の和の庭では、マツやマキと共に庭の主役として扱われてきました。「庭木の王様」とも呼ばれます。

生長も穏やかで、常緑の葉が美しく、「江戸五木」のひとつに数えられます。

[用途] 今でも郊外の古い庭などで、玉仕立てにされた姿をよく見かけます。雑木の庭では列植して目隠しやスクリーン、間仕切りとして使い、さりげなく自然樹形を楽しむのがおすすめです。

[剪定と管理] 樹冠内部に細かい立ち枝や下垂枝がよく出るので、付け根から切り取ります。しなやかに横に出た枝を活かし、徒長枝や不要な枝を切り取ります。樹高が伸びすぎたら、低い位置から出た胴吹き枝の上で切り、低く切り戻します。

茂りすぎて風通しが悪いとハマキムシやカイガラムシが寄生し、すす病が多発するので注意します。剪定で樹冠内部の風通しと採光をよくし、病害虫の発生を予防します。

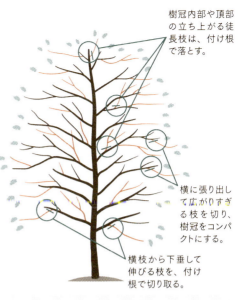

春の剪定
風通しをよくし、混み合った枝と徒長枝など、全体の約⅓の枝を付け根から切り落とす。

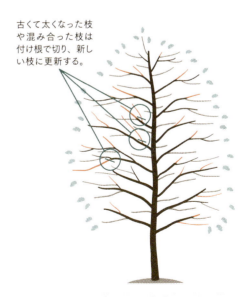

初夏と秋の剪定
混み合った古くて太い枝を付け根で切り、新しい枝に更新する。

針葉樹の剪定の基本

間引き剪定でコントロールし
枝の更新で高さや樹冠を維持

葉の美しさと幹の雄大な風情を楽しむ針葉樹。下からひこばえは出にくいが、胴吹き枝は出やすいので、主幹を数年おきに切り戻すか、間引き剪定を繰り返して自然な樹形を保つ。

キャラボク
低くまとまりのよい樹形で手入れもしやすい。深い緑色の細い葉が密につき、周年美しさを保つ。

イヌマキ
暖地の日当たりのよい場所を好み、針葉樹らしくない細長い葉が魅力。放任すると樹高が20 mを超える。

力強い幹と細い緑の葉で庭を支える脇役

常緑で深い緑の葉をもち、立ち姿が雄大で、葉の色やディティールを楽しめるのが針葉樹です。花は、ほとんど目立ちませんが、実が季節を告げるものがあります。葉が庭の背景として、落葉樹の季節感を際立たせます。スクリーンとして庭のベースになり、主役を引き立たせる脇役の役目を果たします。

比較的生長のスピードが速いので、剪定には知識と技術が必要です。隣家との境界から少し離して植え、家や庭の中から眺めると、落葉樹の葉が美しく見え、目隠しの役割もしっかり務めてくれます。

剪定は、マツを代表とする小さな枝から成る葉の集まりを枝ごと間引いて、全体をひと回り小さくするタイプと、ヨシノスギを代表とする樹冠内部に伸びる枝を間引いて切るタイプの2通りがあります。

アカマツ
鮮やかな緑の葉が風になびき、赤く凹凸のある幹肌が庭のアクセントになる。意外にも、モダンな洋風住宅に似合う。

「間引き＋主幹更新型」と「間引き更新型」

　ヨシノスギの剪定は、張り出して伸びた枝を2/3～1/2ほど、付け根から切り落とします。樹冠が大きくなったら、低い位置から主幹に沿って伸びている胴吹き枝を選び、上側の主幹を切り落として低く仕立て直します。やがて残した胴吹き枝が立ち上がって新しい主幹になり、先端までしなやかな枝振りのまま、ひと回り小さな樹冠にすることができます。

　アカマツやクロマツは、下枝を払って切り落とし、幹を見せるように整えることが大切です。自然なやわらかい樹形にするには、春に「緑摘み」は行わず、大きな枝の集まりを構成する小さな枝の新芽を個別に間引き、やがて古くなって下がってきた枝を幹の付け根で切り落とします。冬は古くなった葉を軍手や手袋を着用した手でしごいて落とします。

針葉樹

アカマツ
赤松

分類 マツ科　常緑大高木／樹高 30〜35m
花色 赤、黄／実色 茶／根 深い
生長 速い／日照 日なた／乾湿 乾燥
植えつけ 2〜3月、5月中旬〜6月中旬(寒冷地)

4	5	6	7	8	9	10	11	12	1	2	3
葉の展開						落葉				葉の展開	
開花		果実熟期									
剪定							剪定				

赤い幹が美しい、雑木をモダンに見せるマツ

[特徴]　雑木の庭に欠かせない針葉樹の代表で、落葉樹と混植すると周囲を明るく見せます。

別名はメマツで、樹皮は赤っぽく、枝振りはしなやかで女性的です。葉はクロマツに比べやわらかく、触れても痛くありません。マツタケの生産林です。

[用途]　やせ地や乾燥地でも丈夫に育ちます。典型的な陽樹で、日当たりがよくないと育ちません。水はけを好みます。雑木の間に点在させると、庭がとてもモダンに見えて引き立つので、おすすめの樹種です。

[剪定と管理]　植えつけは暖地では2〜3月、寒冷地では5月中旬〜6月中旬が適期です。マツクイムシにかかりやすいので、冬に集中して薬剤散布などで駆除します。定期的に葉水をかけるのも効果があります。

やわらかい枝振りを保つには、緑摘みは行わず、古い枝を切り落として常に新しい枝に更新するようにします。分岐する付け根から、全体の約⅓を間引くように大きく抜いて切り落とします。脇から出てくる枝を伸ばし、翌年以降に備えます。

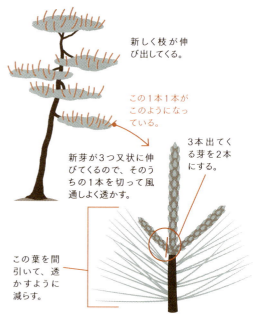

初夏の剪定
樹勢のコントロールは初夏に行い、新しく伸びた枝を透かすように、細い枝が3本伸びるうちの1本を間引く。

秋から冬の剪定
古い葉を、軍手を着用した手でしごいて落とす。

翌年の初夏の剪定
昨年伸びた2本の芽が枝になり、そこから新芽が3つ又状に伸びてくる。それを2本残して切る。

秋から冬の剪定
古い葉を、軍手を着用した手で
しごいて落とす。

小枝の1本1本について、
昨年同様に芽を切ると、
小枝が長くなる。

枝が下がってくる。

3年後の初夏の剪定
大きな枝の塊から出た、
間引いた小枝が長くなって
枝全体が重くなり、下がってくる。

秋から冬の剪定
古い葉を、軍手を着用した手で
しごいて落とす。

下がってきた古い
枝を、幹の付け根
から切る。

4年後の剪定
分岐する幹の付け根から、
全体の約⅓を間引くように
大きく古枝を切り、
新しい枝に更新する。

クロマツ
黒松

分類 マツ科　常緑大高木／樹高 15〜40m
花色 赤、黄／実色 茶／根 深い
生長 速い／日照 日なた／乾湿 乾燥
植えつけ 2〜3月、5月中旬〜6月中旬(寒冷地)

4	5	6	7	8	9	10	11	12	1	2	3

葉の展開　　　　　　　落葉　　葉の展開
開花　　　　果実熟期
剪定　　　　剪定(古い葉を落とす)

亀甲模様で
黒いゴツゴツした幹が持ち味

[特徴]　海辺に生え、幹に黒くて亀甲状の模様があり、別名は男松です。ゴツゴツした枝振りで、寺社に御神木としても植えられ、和風庭園の代表的な木です。

[用途]　やせ地や乾燥地でも育ち、日当たりがよくないと育ちません。風通しと水はけを好みます。

[剪定と管理]　マツクイムシに注意し、冬に集中して薬剤散布などで駆除します。下枝を落として幹を見せ、新しい枝に更新します。

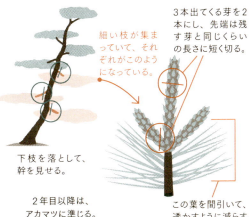

細い枝が集まっていて、それぞれがこのようになっている。

3本出てくる芽を2本にし、先端は残す芽と同じくらいの長さに短く切る。

下枝を落として、
幹を見せる。

2年目以降は、
アカマツに準じる。

この葉を間引いて、
透かすように減らす。

針葉樹

イヌマキ
犬槇

分類 マキ科　常緑大高木／樹高 20m以上
花色 茶／実色 茶／根 深い／生長 遅い
日照 日なた～日陰／乾湿 中間～湿りがち
植えつけ 3～4月

4	5	6	7	8	9	10	11	12	1	2	3
■葉の展開											■葉の展開
開花											
剪定		果実熟期（翌年）			剪定						剪定

スマートで
針葉樹らしくない美しい葉

[特徴]　日当たりのよい暖地を好み、寒冷地ではやや育ちにくい木です。放任すると、高さ20ｍを越え、樹皮は灰白色で薄く剥がれます。葉はやや幅がある細長い線形で、一般の針葉樹とは異なり、長さ約15cmで幅は約10mm。表面は革質で深緑色、裏面は灰緑色です。

[用途]　和の伝統的な庭で、玉散らし仕立てにされた姿を多く見かけます。
　雑木の庭では自然樹形のままアクセント的に建物の前に植えると、この木の葉の美しさが引き立ちます。落葉樹の背景に植えたり、高いビルや隣家の目隠しにするほか、庭のポイントに使うのがおすすめです。

[剪定と管理]　ハマキムシ以外は、あまり目立った病害虫はなく、育てやすい木です。
　春の剪定では、樹冠内部の張り出した枝を1/3ほど、付け根から切り落とします。樹高が伸びたら、低い位置で主幹に沿って伸びている胴吹き枝を選び、上側の主幹を切り落として低く仕立て直します。初秋には混み合った枝を中心に間引きます。

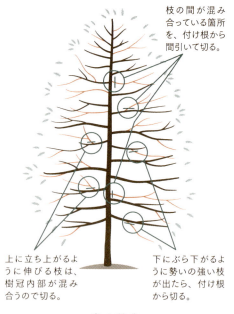

春の剪定
横に張り出した枝を、1/3弱程度、付け根で切る。
胴吹き枝を育て、主幹を低い位置で更新。

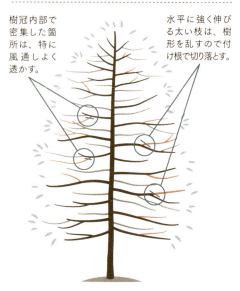

秋の剪定
太い枝や混み合った枝を切り落とし、
樹冠内部の風通しと日当たりをよくする。

カヤ
榧

分類 イチイ科 常緑大高木／樹高 20〜35m
花色 白（雄花）、緑（雌花）／実色 茶
根 深い／生長 遅い／日照 日なた〜日陰
乾湿 中間／植えつけ 3〜4月、9〜10月

青緑色の葉で穏やかに育ち、半日陰に耐える

[特徴] 枝を燻して蚊を追い払う「蚊遣り」に使われたことに由来します。材は緻密で独特の香りとつやがあり、碁盤や将棋盤に使われます。樹皮は灰白色で、葉は先が尖っていて触ると痛いです。雌雄異株で、4〜5月に灰白色の米粒のような花を咲かせます。

[用途] 夏でも枝の間を通った風が涼しく、香りがさわやかなので、建物から少し離れた場所や、通路の近くに植えてもよいでしょう。半日陰でもよく育ち、1本立ちでも落葉樹に似合う貴重な針葉樹です。

[剪定と管理] 針葉樹の中では高さのコントロールがしやすい木です。主幹を切ると、すぐに脇芽が真上を向いて伸びるため、切り戻したところがわからないくらい、自然な樹形に戻りやすいのも魅力です。

樹冠内部の横に伸びた枝を⅓ほど、付け根から切り落とします。

樹高が伸びたら、低い位置で主幹を切ると、すぐに胴吹き枝が立ち上がって新しい主幹になり、ひと回り小さな樹冠に整います。

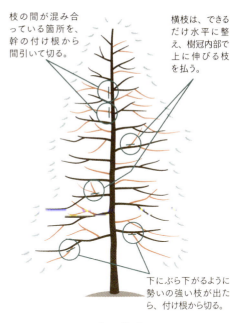

春の剪定

樹冠内部の横に出た枝を、約⅓くらい付け根から切る。胴吹き枝を利用し、主幹を低く切り戻す。

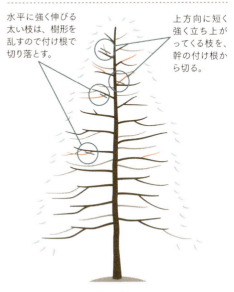

秋の剪定

太い枝や混み合った枝を切り落とし、樹冠内部の風通しと日当たりをよくするのがコツ。

針葉樹

キャラボク
伽羅木

分類 イチイ科　常緑低木／樹高 1～3m
花色 黄(雄花)、緑(雌花)／実色 赤
根 深い／生長 遅い／日照 日なた～半日陰
乾湿 中間／植えつけ 3～6月

4	5	6	7	8	9	10	11	12	1	2	3
				葉の展開						
開花				果実熟期					開花
	剪定			剪定					剪定

グラウンドカバーに使いやすい針葉樹

[特徴]　イチイの変種で、幹は横に広がって斜め上に伸び、全ての葉がらせん状につきます。葉はイチイよりもやや幅広く、厚みがあります。雌雄異株で、赤い果実の果肉は食べられるものの、タネは有毒なので注意します。

[用途]　生育が遅く、枝葉が密で刈り込みにも耐え、低く収まるので玉散らし仕立てにされることが多かったのですが、横に広がって伸びる樹形を活かし、グラウンドカバーにするのもおすすめです。

[剪定と管理]　木陰でも育ちますが、生育はよくありません。新芽が黄金色になるキンキャラは、日当たりがよくないときれいな黄金色になりません。病害虫は、アリが根をかじるため、まれにポッキリと枯れることがあります。夏前の6月には風通しに気をつけます。施肥は3月に少量を与えます。

横や上に張り出した枝を⅓ほど、付け根から切り落とします。樹高が伸びたら、低い位置で主幹に沿って切り、低く仕立て直します。

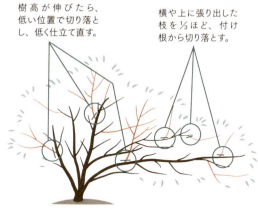

春の剪定
横に張り出した枝を、⅓弱付け根で切る。
胴吹き枝を育て、主幹を低く更新する。

初夏と秋の剪定
夏に蒸れないように、混み合った箇所や樹冠を乱す枝を切り、風通しをよくする。

ヒノキ・サワラ
桧・椹

分類 ヒノキ科　常緑中高木
樹高 30〜40m／花色 茶／実色 茶
根 浅い／生長 速い／日照 日なた〜半日陰
乾湿 中間・湿りがち／植えつけ 3〜4月

半日陰でも育つ
丈夫な針葉樹

[特徴]　サワラは生長が速く、樹皮も針葉樹の中ではやさしい表情があり、コントロールもしやすいのですが、ヒノキのような香りはありません。ヒノキよりも枝がまばらで、円錐形の樹形になり、半日陰でもよく育ちます。
　ヒノキはスギなどに比べると生長に時間がかかりますが、耐久性の高い建材としても好まれます。

[用途]　上品な立ち姿で、落葉樹の背景によく似合います。特にヒノキは特有の芳香があり、やや暗い日陰でもよく育ちます。
　共に里山に近い雰囲気をもつ針葉樹で、萌芽性もあるので、刈り込んで生け垣にも使われます。

[剪定と管理]　移植にも強く、育ちが悪い場合は1〜2月に少量の施肥をします。丈夫で育てやすく、これといった病害虫もありません。
　樹冠内部の張り出した枝を⅔ほど、付け根から切り落とします。樹高が伸びたら、低い位置で主幹に沿って切り落とし、低く仕立て直します。初夏には下葉が蒸れないように、風通しよく整えます。

春の剪定
樹冠内部の混んだ徒長枝を約⅔付け根で切る。
胴吹き枝を利用し、主幹を低く切り戻す。

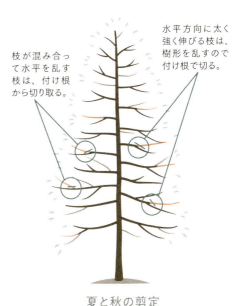

夏と秋の剪定
樹冠内部の風通しを整え、
混み合った枝は付け根で切る。

針葉樹

ヨシノスギ
吉野杉

分類 スギ科　落葉大高木／樹高 30〜50m
花色 茶／実色 茶／根 深い／生長 速い
日照 日なた〜半日陰／乾湿 湿りがち
植えつけ 3月下旬〜4月上旬、10月中旬〜11月

4	5	6	7	8	9	10	11	12	1	2	3
			葉の展開								
開花		果実熟期								開花	
剪定				剪定						剪定	

庭のアクセントや
スクリーンによく似合う

[特徴]　日本固有の樹種では、最も長寿で大きくなります。樹高が40m以上にまで高く伸び、樹冠も大きく広がります。
　葉は深緑色で細くまとまり、樹皮は赤褐色で縦に裂け、細長く薄く剥がれて美しい幹肌です。

[用途]　生長が速く、整った樹形になるため、スクリーンとして庭と近隣の境界近くに植えると効果的です。手入れ次第でコントロールしやすくどんな場所にも似合う、使いやすい針葉樹です。

[剪定と管理]　樹冠内部の横に張り出して伸びた枝を½ほど、付け根から切り落とします。庭の中央付近にアクセントとして植える場合は、下枝を多めに払い、幹の美しさを強調します。
　樹高が伸びたら、低い位置から主幹に沿って伸びている胴吹き枝を選び、その上側の主幹を切り落として低く仕立て直します。しばらくすると残した胴吹き枝が立ち上がって新しい主幹になり、先端までしなやかな枝振りのまま、ひと回り小さな樹冠に整います。

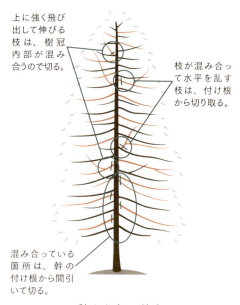

秋から冬の剪定
樹冠内部の横に出た枝を、約½付け根で切る。
胴吹き枝を利用し、主幹を低く切り戻す。

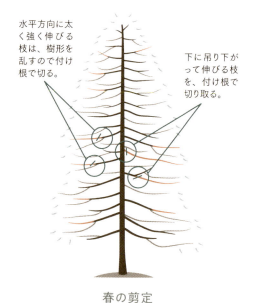

春の剪定
樹冠内部の混み合った箇所は、
付け根で切って風通しよく整える。

レイランドヒノキ

分類 ヒノキ科　常緑中高木
樹高 25m以上／花色 茶／実色 茶
根 浅い／生長 速い／日照 日なた〜半日陰
乾湿 中間、湿りがち／植えつけ 3〜4月

4	5	6	7	8	9	10	11	12	1	2	3
			葉の展開								
開花											
		果実熟期									
剪定	剪定			剪定					剪定		

明るい葉色と
やわらかい枝振りで扱いやすい

[特徴]　北米原産のモントレーイトスギとアラスカヒノキとの属間交雑種です。生長が速く、放任すれば高さは20m以上まで伸びます。樹冠は円錐形から円柱状。普及する種は、大型の針葉樹には珍しい明るい緑色で、葉や枝にはヒノキに似た芳香があります。

[用途]　枝がしなやかで扱いやすく、初心者でもコントロールしやすい針葉樹です。ほかの針葉樹に混植するほか、レイランドヒノキを列植して目隠しや生け垣にするのもよいでしょう。

[剪定と管理]　移植にも強く、施肥はほとんど必要ありません。育ちが悪い場合は、少量の油粕主体の固形肥料を1〜2月に与えます。

多くの針葉樹とは違い、蒸れによる枯れ上がりが少ないのが特徴です。

幹吹き枝が多く出るので、暴れた枝を透かすように切り取り、樹冠内部の風通しをよくします。毎年、全体の1/3程度の枝を、幹から切り取ります。数年に一度、主幹を低い位置で切り戻し、樹高を抑えます。

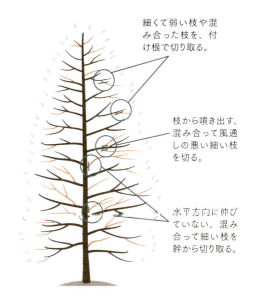

春の剪定

樹冠内部の暴れた枝や混み合った枝を1/3程度、幹から切り落とす。数年に一度、主幹を低く切り戻す。

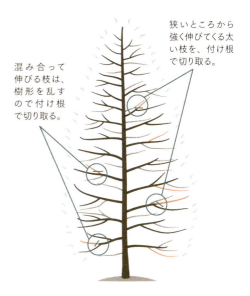

夏と秋の剪定

直線的に強く伸びる枝や立ち上がる枝を切り落とし、しなやかな樹形に整えるのがコツ。

低木・灌木の剪定の基本

ひこばえを活かして枝や幹を更新させる

美しい花が咲くものが多く、樹高が視線に近い低木・灌木類。伸びたひこばえを選んで残していき、幹を次々に更新させていくと、常にしなやかな枝振りが保てる。

シモツケ
花が少なくなる初夏から夏に、長くつややかな花を咲かせる。比較的手間もかからず、丈夫で育てやすい。

ドウダンツツジ
垣根などに使うよりも、刈り込まずに自然樹形でのびのびと白い花を咲かせたい。秋の紅葉も美しい。

「ひこばえ」を残す「株立ち更新型」

　庭に彩りに添える美しい花や実、華やかで目を引くものが多く、樹高が低いので、人間の視線の高さ近くで花や実を楽しめます。庭のアクセントや彩り、季節感を演出するために使うと効果的です。

　また、あまり生長スピードが速くないものが多く、樹高も数mで収まるため、初心者や小さな庭でも安心して植えられます。

　株元から毎年、何本も新しいひこばえが出てくるので、多少切りすぎても、すぐに自然な姿に回復するところが魅力です。建物からよく見える場所や、フェンスや通路の近くなど、ポイントになる場所に配置すると、花や葉、実の美しさが際立ちます。持ち味を活かせる場所に植えましょう。

　毎年、次々と株元からひこばえが数

アジサイ
アジサイの仲間のアメリカノリノキ'アナベル'は、丈夫で育てやすく、淡い緑色から白い花になる。

ヒュウガミズキ
春先に細い枝いっぱいに黄色い花を吊り下げるように咲く。コンパクトなので小さな庭にもおすすめ。

本生えてくるので、整理しないでおくと、大きな株立ち状に茂ります。また、一定の太さまで育った幹は、自然に枯れていくので、それほど手間をかけなくても風情のある樹形になっていきます。

　剪定のコツは、一番太い幹から順に、バッサリ地際近くで切り落とし、細くて新しいひこばえを選び、残して育て、幹を更新させます。

低木・灌木

アジサイ
紫陽花

分類 アジサイ科（ユキノシタ科） 落葉低木
樹高 1〜2m／花色 黄緑〜白／根 浅い
生長 速い／日照 日なた〜半日陰／乾湿 中間
植えつけ 2月中旬〜3月、10月中旬〜11月

梅雨に映える
清楚な白い花や青い花

[特徴] 西洋アジサイは、日本原産のガクアジサイが欧米に渡って改良されたものです。北米原産のアジサイの仲間、アメリカノリノキの園芸品種'アナベル'は、咲き始めが黄緑色で徐々に白くなって1ヶ月以上開花が続き、長く花が楽しめます。

[用途] コナラやモミジなどの骨格をつくる樹種の下で、半日陰になるところが似合います。通路際や庭のポイントになる場所に植えるのにも最適です。

[剪定と管理] 半日陰に植えても間延びしません。自然な樹形を楽しむので、主な剪定は冬に不要な枝を切り取ります。施肥はあまり必要なく、寒肥を少量与える程度にします。

古い幹は1〜2月に切り取り、花がらは10月までに摘み取ります。剪定は花後、なるべく早く行います。

新しく伸びた枝に花芽がつくので、低く丈を抑えたい場合は、毎年全ての枝を地際から5cmの位置で切り戻します。自然な樹形で楽しみたい場合は、古い枝を地際から切り取り、新しい枝を伸ばしておきます。

樹冠内部で強く横に張り出してきた枝は、幹の付け根で切り落とす。

下のほうに出た強い横張りの徒長枝は、幹の付け根から払い落とす。

古い主幹は、1/3以上地際から切り落とす。

冬の剪定
花が咲き終わったらすぐに、地際から古い枝を全て切り取る。細い枝も切り落とす。

樹冠内部で混み合い、ほかの枝の生長を妨げる枝を付け根で切る。

横に直線的に伸びる太くて勢いの強い枝は、付け根で切り落とす。

夏と秋の剪定
横に強く伸びている枝を払い、風通しよく整えるのがポイント。

ドウダンツツジ
灯台躑躅

分類 ツツジ科　落葉低木／樹高 2〜3m
花色 白／実色 茶／根 浅い／生長 中間
日照 日なた／乾湿 乾燥〜中間
植えつけ 3〜4月、10〜11月

4	5	6	7	8	9	10	11	12	1	2	3
葉の展開						紅葉					
	開花		果実熟期								
		剪定						剪定			

ひこばえがよく出て、株立ち状になりやすいので、全体の½近くの主幹を切り取り、前年かその前に出た新しいひこばえに更新する。

冬の剪定
古い主幹を地際で切り、全体の約½を新しい主幹に更新する。混み合った枝を付け根で切る。

自然樹形で燃える紅葉を満喫する

[特徴]　春の萌芽もほんのり赤くて美しく、細い枝先に輪生状に展葉します。ベル形で1〜5輪の小さな花は、下垂して可愛らしいものです。秋は燃えるように紅葉し、見事な景観を演出します。

[用途]　丸型や垣根などに仕立てられ、刈り込まれた姿がポピュラーですが、自然樹形で庭に使うと四季を通じて楽しめます。
　庭の縁や木漏れ日の当たる建物の近くなどに植えると、本来の魅力を実感できます。

[剪定と管理]　日当たりを好みます。日陰では花つきが悪くなり、紅葉も鮮やかになりません。2〜3月と5月、7月に緩効性化成肥料などを少量、株元から少し離れた場所に施肥します。
　古い枝は花つきが悪くなるので、地際から切り取ります。ひこばえがよく出て、株立ち状になりやすいので、全体の½近くの主幹を切り取り、前年かその前に出た新しいひこばえに更新します。樹冠内部の混み合った枝は、付け根から切り取ります。

混み合った枝を間引くように、付け根で切る。

下のほうの古い枝を⅓ほど、付け根で切り取る。

初夏の剪定
古い下枝を⅓ほど切り取り、混み合った枝は付け根で切る。

ウグイスカグラ
鶯神楽

分類 レンプクソウ科(スイカズラ科) 落葉低木
樹高 1〜3m／花色 ピンク、白
実色 赤／根 浅い／生長 速い
日照 日なた〜半日陰／乾湿 湿りがち
植えつけ 2〜3月、10月中旬〜11月

寒いうちから咲く花と初夏の赤い実が可憐

[特徴] 雑木林の縁に自生し、ウグイスがこの木の茂みに隠れる姿を「神楽舞う」としたのが由来。まだ寒いうちに葉と共にピンク色でラッパ状の小花が吊り下がって咲きます。白花種もあります。初夏に赤く熟す約1cmのグミに似た実は、甘くて食べられます。幹は古くなるとひび割れて表面が剥がれ、ゴツゴツとした模様ができます。

[用途] 日当たりを好みますが、比較的土質は選びません。ただし、夏に西日が株元に当たらない場所にします。建物から見える位置や、ほかの雑木の手前に植えて、花や実を楽しむのがおすすめです。

[剪定と管理] 夏の水切れに弱いので、やや湿り気のある場所や、夏に木陰になる場所に植えます。
　剪定は主に冬に行い、株元からたくさん伸びるひこばえのうち姿のよいものを残し、古い主幹を株元から切り取って更新します。徒長する枝や混み合って伸びる枝を付け根から間引くように切り落とします。全体の約1/3の枝や幹を切り取ります。

ガマズミ・ミヤマガマズミ
莢蒾・深山莢蒾

分類 レンプクソウ科(スイカズラ科) 落葉低木
樹高 2〜3m／花色 白／実色 赤／根 浅い
生長 中間／日照 日なた〜半日陰
乾湿 やや湿潤／植えつけ 12〜3月

花や実と紅葉もつややかで雅な風情の木

[特徴] 白い小花を初夏に半手まり状に咲かせ、木立の中でも目を引きます。秋は深紅に熟す果実が野鳥を引き寄せ、紅葉も見事です。葉は先の尖った円形で、特徴的なはっきりした葉脈が入ります。株元からたくさんの幹が伸びて株立ち状になります。

[用途] コナラやモミジなどの庭の骨格を作る樹種の下や脇に添えるように植えると見栄えがします。株元に西日が当たる場所は避けます。通路脇や建物から実がよく見える場所に植えるとよいでしょう。

[剪定と管理] うどんこ病に注意し、枝が密集しないように風通しをよくします。アリやテッポウムシに根や幹を食われないように注意します。
　幹の表情やしなやかな枝振りを魅せるために、細かい枝や徒長枝はあまり切らず、ほかの枝にぶつかるものや急激に太くなっているものだけを幹の付け根から切り落とします。株元からひこばえが伸びたら切らずに残し、5〜6年に一度、太い幹を切って新しい幹に入れ替えます。

クチナシ
梔子

分類 アカネ科　常緑低木／樹高 1〜2m
花色 白／実色 橙色／根 浅い／生長 中間
日照 半日陰／乾湿 中間
植えつけ 4〜6月、9〜10月

4	5	6	7	8	9	10	11	12	1	2	3

葉の展開
開花
果実熟期
剪定　　剪定

すばらしい香りの白花が
梅雨に咲く

[特徴]　初夏から梅雨頃にすばらしい芳香をもつ白い花を咲かせます。果実は昔から黄色の染料や漢方薬に利用されてきました。果実の口が開かないことが名の由来とされます。標準的な一重咲き以外にも、八重咲きや斑入りの園芸種があります。

[用途]　乾燥を嫌うことから、コナラやモミジなどの庭の骨格を作る樹種の下や脇に植えます。夏に株元に西日が当たる場所は避けます。通路脇や建物の近く、玄関の周りに植えて、香りを楽しみます。

[剪定と管理]　かかりやすい病害虫にオオスカシバがあり、幼虫が葉を食い荒らして筋だけにしてしまうこともあります。
　2年目の枝に花が咲くため、花の咲く頃に伸びる新しい枝に来年の花がつきます。秋以降に枝先を刈り込んでしまうと、花芽を全て落としてしまうので、花が終わった直後、できるだけ早い時期に剪定します。混み合った部分の枝や枯れた枝を切り落とします。冬の剪定は、混んだひこばえを間引いておきます。

コデマリ
小手毬

分類 バラ科　落葉低木／樹高 1〜2m
花色 白／実色 褐色／根 浅い／生長 速い
日照 日なた〜半日陰／乾湿 中間
植えつけ 1〜3月、9〜10月

4	5	6	7	8	9	10	11	12	1	2	3

紅葉　葉の展開
開花　果実熟期　　開花
剪定　　剪定

手まり状の小さな白い花が
びっしりと咲く

[特徴]　細い枝が枝垂れて弓なりに下がり、小さな花が手まり状に集まってびっしりと株を覆います。半日陰でも花がつきますが、日なたよりは花数が減ります。大株になると見応えがあります。株立ち状になってコンパクトに茂ります。丈夫で育てやすい木です。

[用途]　庭の外側や明るい通路脇、玄関前のポイントや建物から見える場所などに似合います。下から多数の枝が出るので、間引きを兼ねて切り取り、切り花にして部屋でも楽しみましょう。

[剪定と管理]　日当たりや風通しが悪い場合は、カイガラムシが発生しやすいので注意します。
　剪定は、花の終わった後すぐに行います。勢いが強い徒長枝は、付け根で切り落とします。太くなった古枝は地際で切り取ります。大株は、落葉後の11〜1月に太い古枝を株元から切り落とし、間延びした枝や、枝の混み合った部分を整理して樹形を整えます。花芽のある枝を切り落とさないように注意し、若い枝は、軽い間引き剪定にとどめます。

コバノズイナ
小葉の髄菜

分類 ズイナ科(ユキノシタ科)　落葉低木
樹高 1〜2m／**花色** 淡黄色／**実色** 褐色
根 浅い／**生長** 速い／**日照** 日なた〜半日陰
乾湿 やや湿潤／**植えつけ** 3月下旬〜4月上旬、10月中旬〜11月

赤紫色の紅葉と
初夏の清楚な花穂

[特徴]　北アメリカ原産で、明治時代に渡来しました。清楚な白い花穂が好まれ、茶花としても利用できるため、切り花でも親しまれています。ヒメリョウブ、アメリカズイナとも呼ばれます。赤紫色に美しく紅葉します。丈夫で育てやすく、おすすめの樹種です。

[用途]　和洋を問わず、どんな庭にも似合います。樹高も低く収まるので小さな庭にも向きます。大株になっても姿が乱れにくく、剪定でコントロールしやすいので安心して植えられます。

[剪定と管理]　日当たりがよく、やや湿り気のある場所を好みますが、明るい木陰や半日陰でも育ちます。

施肥は株が小さいか生育が悪い場合、2〜3月中旬、7月中旬〜8月中旬に、少量の緩効性化成肥料を株元から少し離して与えます。大株には不要です。

株元から毎年、新しいひこばえが出てくるので、姿のよいものを残して育て、古い主幹を株元から切り取って更新します。徒長枝と余分なひこばえを切り、株元が混み合わないようにします。

コムラサキ
小紫

分類 シソ科(クマツヅラ科)　落葉低木
樹高 1〜2m／**花色** 紫
実色 紫／**根** 浅い／**生長** 中間
日照 日なた〜半日陰／**乾湿** やや湿潤
植えつけ 2〜3月、10月中旬〜11月

美しい紫色の実が
秋に枝いっぱいにつく

[特徴]　仲間のムラサキシキブは枝が暴れてまとまりにくく、実つきもまばらで使いにくいため、樹高が低くて実が密につき、枝のまとまりがよいコムラサキが人気です。コムラサキの白実種で園芸品種のシロシキブは、実がやわらかくて落ちやすいです。

[用途]　庭のアクセントとして使います。湿り気の多い場所を好み、乾燥を嫌います。日なたを好みますが、半日陰にも適応します。建物から見える場所や庭の外側、通路の近くなどに似合います。

[剪定と管理]　低い株立ちになり、地際から多数の枝が伸びます。株元から伸びるひこばえのうち姿のよいものを残し、古くて太い主幹を株元から切り取って更新します。樹冠内部で混み合った枝や、ほかの枝を妨げる徒長枝を切り取り、やや生長が速いので、全体の1/2以上の枝や幹を切り取ります。主幹が左右に広がって伸びるので、残す枝や幹の向きに気をつけます。

夏の花後は、太くて古い下枝を払い、樹冠を乱す枝を付け根から切り取って間引きます。

サワフタギ
沢蓋木

分類 ハイノキ科　落葉低木／樹高 2～4m
花色 白／実色 紺／根 深い／生長 遅い
日照 日なた～半日陰／乾湿 湿りがち
植えつけ 2～3月、9～10月

初夏に白い花、
秋に紺色の実が美しい

[特徴]　沢に向かって覆い被さるように茂る姿から名があります。樹皮は灰褐色で縦に裂け目があります。初夏には枝先に白い小花を手まり状に咲かせ、果実は秋に瑠璃色に熟します。流れの上に泡立つような風情で花が咲く姿は、可憐で美しいです。

[用途]　半日陰や木漏れ日の当たる樹下などで、やや湿りがちな場所を好みます。池や流れがある場合は、その淵に植え、水面に葉や花が映るように斜めに植えると、自然の中で育っている姿を再現できます。

[剪定と管理]　樹形は幹が斜めに伸び、片枝になることが多いので、剪定する際も傾いている側の枝を多めに切ると、本来の姿に近づきます。
　古くなった主幹を地際から切り倒し、下から伸びてくるひこばえに更新します。全体の½くらいを切って入れ替えますが、混み合った枝を幹の際から切り落とし、余分なひこばえを切る程度にとどめます。幹に交差する横枝や、混み合って強く伸びる枝を付け根で切り取ります。

シモツケ
下野

分類 バラ科　落葉低木／樹高 0.5～1.2m
花色 桃、白／実色 茶／根 浅い／生長 速い
日照 日なた～半日陰／乾湿 乾燥
植えつけ 3～4月、10～11月

初夏から夏まで
房状の花が咲く

[特徴]　5～7月頃、暑さで花が少なくなってくる時期に小さな房状の花を咲かせます。葉は薄く、葉脈に沿った細かい起伏が独特の質感をつくっています。最近は葉が明るい黄色をした品種も出回るようになりました。紅色から白までバリエーションのある花色です。

[用途]　庭に洋風の趣を加えたいときなど、建物から見えるところにポイントに植えると、とてもよく似合います。切り花や生け花にも利用できます。水はけがよく、やや乾燥しがちな場所を好みます。

[剪定と管理]　日当たりに植えると、よく花が咲きますが、葉は夏の日差しに焼けて傷みがちになります。半日陰や明るい木陰は、機嫌よく育ち、手入れも楽です。
　植えつけは厳寒期を避けます。地際から伸びてくるひこばえを選んで伸ばし、古い主幹は地際で切り倒します。毎年全体の½～⅓程度、切り戻して幹や枝を切って更新させます。株立ち状に茂るので、混み合ったひこばえや徒長枝は付け根から切り落とし、細くしなやかな枝を残します。

低木・灌木

シロヤマブキ
白山吹

分類 バラ科　落葉低木／樹高 1〜2m
花色 白／実色 黒／根 中間／生長 速い
日照 日なた〜半日陰／乾湿 中間
植えつけ 3月下旬〜4月上旬、10月中旬〜11月

清楚な白色の花と
つややかな黒い実

[特徴]　黄色い5弁花のヤマブキとは同科異属の別種です。春から初夏にかけて、枝先に白い4弁の花を咲かせます。秋にひとつの花に4個ずつつく黒い実は光沢があり、つやつやとして印象的です。大きな株立ちになり、地際から枝が伸びます。

[用途]　楚々とした雰囲気で、庭の外側や建物の近く、または通路の際などに向きます。下から多数の枝が出るので、剪定を兼ねて混み合った枝を切り、切り花として部屋の中で楽しむのもよいでしょう。

[剪定と管理]　株の外側に向かって広がっていくので、中心部から外れていくひこばえは、早めに地際で切り取ります。古い主幹は地際で切り倒し、新しいひこばえは樹勢の強すぎないものを残します。
　先端に出る強い徒長枝は付け根から切り落とし、混み合った枝も幹の際で切ります。全体の1/2程度の枝を切り、樹冠を小さくします。
　初夏の剪定は、花後すぐに行い、徒長枝や混んだ枝を付け根で切り、できるだけ風通しよく整えます。

ジンチョウゲ
沈丁花

分類 ジンチョウゲ科　常緑低木
樹高 1〜2m／花色 白、赤紫／実色 なし
根 浅い／生長 遅い／日照 日なた〜半日陰
乾湿 適湿／植えつけ 4〜6月

さわやかな芳香が
春を告げる花木

[特徴]　沈香と丁字を合わせたような甘い香りがあることから、名がついたといわれます。室町時代に中国から渡来しました。白花種や葉に覆輪が入る品種もあります。花弁のように見える部分は萼です。日本で栽培される株の多くは結実しません。

[用途]　玄関の近くや建物から見える場所、明るい通路の近く、庭の外側などが適します。半日陰でもよく育ちます。西日の当たる場所や北風の強い場所は、傷んで枯れることがあるので避けます。

[剪定と管理]　一度根付くと、移植を嫌うので、植え場所はよく選びましょう。大株は植え傷みが強いので、植えつける際は小さめの苗木を選びます。
　剪定は花が咲き終わった頃に行い、株元の枝が混み合ったところを風通しよくするために、余分な枝を付け根で切り落とします。太い枝をたくさん切ると株が衰弱するので、一度に切る量は全体の1/3以下に抑えます。秋の剪定では、すでに花芽ができているため、徒長した枝を間引く程度にとどめます。

ダンコウバイ
檀香梅

分類 クスノキ科　落葉小高木
樹高 3～7m／花色 黄／実色 黒
根 深い／生長 速い／日照 日なた～半日陰
乾湿 中間／植えつけ 2～3月

早春の黄金色の花と
晩秋の黄葉が美しい

[特徴]　クロモジの仲間でもっとも色鮮やかな黄金色の花を咲かせます。芽出しの葉は赤みを帯びて、秋には浅く2つ切れ込みの入った葉が美しい黄金色に色づきます。丸い実は、赤から黒く熟します。木に芳香があり、楊枝などに利用されます。雌雄異株で、雌の花はあまり目立ちません。

[用途]　明るい庭の縁や建物の近くなどに植え、身近で花や紅葉を楽しむとよいでしょう。花も葉もきれいなので、茶花や切り花でも人気があります。

[剪定と管理]　目立った病害虫はありません。
　冬の剪定は、強く出た徒長枝や樹冠内部で混み合った不要枝を付け根から切り、古い幹は地際から切って更新します。枝数はあまり多くないため、全体の1/3弱くらいを間引くように切り取ります。株元からひこばえが伸びるので、姿がよく、樹勢が強すぎないものを選んで残します。
　初夏には、強く伸びた枝を軽く間引きます。自然な樹形を楽しみ、風通しよくする程度にしておきます。

トサミズキ・ヒュウガミズキ
土佐水木・日向水木

分類 マンサク科　落葉低木／樹高 1～3m
花色 黄／実色 黒／根 浅い／生長 速い
日照 日なた～半日陰／乾湿 中間
植えつけ 3月下旬～4月上旬、10月中旬～11月

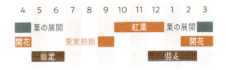

半球形の樹形と
早春に咲く黄色い花

[特徴]　ミズキの名がありますがマンサクの仲間で、葉は丸い卵形。深い葉脈が独特です。高知県の石灰岩地に自生します。樹形は自然に半球形に形が整います。
　ヒュウガミズキは、トサミズキによく似ていますが、全体にひと回り小さく、細めの枝ぶりです。芽吹き前に淡黄色の釣鐘形の花が枝から吊り下がります。

[用途]　早春に咲く花は、見栄えもよいため、庭のアクセントに適します。庭の外側や建物から見える明るい場所に植えると引き立ちます。

[剪定と管理]　病害虫には強く丈夫ですが、大気汚染や塩害には弱いです。
　日なたを好みますが、耐陰性があるので半日陰にも適応します。施肥は12～1月に少量与えます。
　剪定は古い主幹を地際で切り取り、新しく伸びてくるひこばえを選んで伸ばし、更新させます。大きく株立ち状になるので、毎年全体の1/3程度の幹を切ります。ひこばえは、樹勢が強すぎるものを切り、姿がよくてそれほど勢いが強くないものを残します。

153

低木・灌木

ナンテン
南天

分類 メギ科　常緑低木／樹高 1〜3m
花色 白／実色 赤／根 浅い／生長 速い
日照 日なた〜半日陰／乾湿 やや湿潤
植えつけ 3月〜4月上旬、9月〜10月

吉祥を祝う赤い実が
冬につややかに実る

[特徴]　日本から東南アジアに自生します。「難を転じる」に通じることから、縁起がよい木、魔除け、厄除けとして古くから親しまれてきました。冬に赤く色づく実を乾燥させたものを、漢方薬としても使われてきました。矮性のオタフクナンテンなどもあります。

[用途]　低めの生け垣や高木の根締め、庭の添景にも適しています。半日陰の通路の近くや、玄関の近くにも似合います。庭のデッドスペースなどに植えておいて、冬の切り花として使うのもよいでしょう。

[剪定と管理]　耐陰性が強く、日なたから半日陰まで適応力のある木です。ただし、花つきをよくするには半日陰より明るい場所に植えます。乾燥も苦手です。
　冬の剪定は、下枝を切り払い、株元をすっきりさせます。株元から新しいひこばえが生えてくるので、姿のよいものを選んで残します。実をつけた枝には翌年の花はつかないので、地際から切り取ります。高くなりすぎたら、低い位置で切り戻します。病害虫も少なく、強健で育てやすい木です。

ニシキギ
錦木

分類 ニシキギ科　落葉低木／樹高 2〜3m
花色 緑／実色 赤／根 浅い／生長 中間
日照 日なた〜半日陰／乾湿 中間
植えつけ 3月下旬〜4月上旬、10月中旬〜11月

燃えるような紅葉と
翼のある枝

[特徴]　紅葉が深紅で美しく、モミジ・スズランノキと共に世界三大紅葉樹に数えられます。秋に赤い実も実ります。コルク質の「翼」が、枝の左右の節間にできます。日なたを好みますが半日陰でも育ちます。

[用途]　萌芽性が強く、刈り込みにも耐えることから、垣根や盆栽に使われますが、自然な樹形を活かして庭のポイントに植えるのがおすすめです。1ヶ所に数株まとめて植えたり、木漏れ日の当たる樹下に点在させても存在感があります。

[剪定と管理]　植えつけは厳寒期を避けて行います。
　地際からひこばえをよく伸ばし、株立ち状に伸びます。左右に広がるように大きく伸びる開帳型の樹形です。古い主幹を地際で切り戻し、横に大きく張り出した下枝や徒長枝を幹の付け根で切り取ります。全体の1/3ほどの枝を切り取るようにします。ひこばえは強く伸びるものや混み合ったものを整理して切り、姿がよくしなやかに伸びているものを選んで残します。数年で主幹をひこばえに更新していきます。

ヒメウツギ
姫空木

分類 アジサイ科（ユキノシタ科） 落葉低木
樹高 0.5～1m／花色 白／実色 褐色
根 浅い／生長 中間／日照 ひなた～半日陰
乾湿 中間／植えつけ 3月下旬～4月上旬、10月中旬～11月

清楚な純白の小花が枝いっぱいに咲く

[特徴]　小さな白い花があふれるように咲く、雑木の庭によく似合う低木の代表です。低く株立ち状にまとまり、丈夫であまり手がかかりません。

[用途]　日当たりのよい場所を好みますが、半日陰でも花が咲きます。流れのある庭なら流れの近くに植えるほか、石の近くに添えたり、木立の中のポイントにしたり、園路の脇や建物の近くなどにも適します。

[剪定と管理]　施肥は2～3月中旬、7月中旬～8月中旬に。春から初夏にアブラムシがよくつくので、多発する前に防除しましょう。

　強く出た徒長枝と下垂枝、混み合った枝を付け根で切り取ります。株元からひこばえがよく出るので、細いものと混み合ったものを地際で切ります。全体の約⅔を切り取ります。古くなった主幹にはあまり花がつかなくなるので、太くなったら地際で切り取り、伸ばしたひこばえに更新させます。前年枝の脇枝から伸びた新梢の枝先に花をつけるため、枝の先端ばかりを切り落としてしまうと翌年の花が咲きません。

ボケ・クサボケ
木瓜、草木瓜

分類 バラ科　落葉低木／樹高 1～2m
花色 橙、赤、白、ピンク／実色 黄／根 浅い
生長 中間／日照 ひなた～半日陰
乾湿 中間／植えつけ 10～11月

赤や橙色の可憐な花、香りのよい実

[特徴]　ボケは中国原産で、枝が直線的に伸び、濃朱色で大きめの花が葉の展開前に咲きます。クサボケは日本に自生し、ボケに比べて淡い橙色の花が咲き、地際からよく枝分かれして低く茂ります。雑木の庭に似合うのはクサボケのほうです。

[用途]　盆栽や低めの生垣にするほか、建物から見える明るい場所に植えて庭のアクセントとして使います。日なたを好みますが、半日陰にも適応します。香りのよい実は果実酒にします。

[剪定と管理]　ボケもクサボケも剪定や管理は同様です。主に徒長枝を切り、前年に出た枝に花がつくため、切り過ぎて花が咲かなくならないように注意します。株元から伸びるひこばえのうち姿のよいものを残し、古い主幹を株元から切り取って更新します。

　剪定は冬に行い、春以降は行わなくても大丈夫です。全体の⅓程度の枝や幹を切り取ります。主幹が左右に広がって株立ち状に低く伸びるので、残す枝や幹の向きに気をつけます。ボケは枝が立ち上がります。

ヤマブキ
山吹

分類 バラ科　落葉低木／樹高 1〜2m
花色 黄金色／実色 赤／根 中間／生長 速い
日照 日なた〜半日陰／乾湿 やや湿潤
植えつけ 3月下旬〜4月上旬、10月中旬〜11月

春らしい黄金色の
5弁の花が咲く

[特徴]　春に咲く黄金色の5弁花の花色は、山吹色と呼ばれるほど親しまれています。八重咲き種のヤエヤマブキはヤマブキよりも生育旺盛でやや樹高も高く、雌しべが退化しているため、結実しません。繁殖力が強く、株立ち状に茂り、半日陰でも育ちます。

[用途]　庭の外側や通路の近く、低い生垣などに利用するとよいでしょう。株立ち状に横に広がって増えるため、植え場所は広めにとっておきます。乾燥しすぎると傷むため、植えつけ時に腐葉土をすき込みます。

[剪定と管理]　地下茎で株が横に広がり、地際から細いひこばえが多く出て、株立ち状に広がって伸びます。外側に広がりすぎるひこばえは、早めに地際で切り取ります。古い主幹は地際で切り倒し、主幹を更新させます。新しく伸びてくるひこばえは、姿がよく、樹勢が強すぎないものを選んで残します。強い徒長枝は、付け根から切り落とし、混み合った枝も幹の際で切ります。全体の1/3程度の枝を落とします。夏は朝か夕方に水やりし、水切れに気をつけます。

ユキヤナギ
雪柳

分類 バラ科　落葉低木／樹高 1〜2m
花色 白、ピンク／実色 褐色／根 浅い
生長 速い／日照 日なた〜半日陰
乾湿 中間／植えつけ 2〜3月、10〜11月

白い小花が枝を覆うように
びっしりと咲く

[特徴]　葉がヤナギのように垂れ、白い花が雪をかぶったように咲くことから名がつけられました。強健でよく育ち、耐寒性や耐暑性もある、初心者でも育てやすい木です。花どきは枝を覆うように、白い小花がびっしりと咲きます。近年はピンク色を帯びた花が咲く園芸品種も登場しています。

[用途]　茶花や切り花としても親しまれます。庭のアクセントとして、玄関の近くに植えるほか、花は減りますが、半日陰にも適応します。

[剪定と管理]　枝が密生すると、病害虫が発生しやすくなるので、風通しのよい場所を選びます。枝が密になりすぎると、うどんこ病やアブラムシ類、カイガラムシ類が発生しやすくなります。
　株元から伸びるひこばえのうち姿のよいものを残し、古い主幹を株元から切り取って更新します。やや生長が速いので、全体の約1/3の枝や幹を切り取ります。主幹が左右に広がって株立ち状に伸びるので、徒長した枝や混み合った枝を付け根から切ります。

植えつけ方とその後の管理

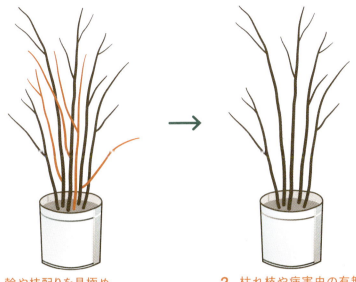

1. 幹や枝配りを見極め全体の1/3を切る

スムーズに根付かせるには、植えつけ前の段階で、全体の1/3の枝を切り落とす。下枝や樹冠内部の混み合った枝を付け根から切り取る。

2. 枯れ枝や病害虫の有無を点検してから植えつける

枯れ枝が残っていたら取り除き、根元にアリの巣穴がないか、ガやカミキリムシの痕跡がないかをチェックしてから植えつける。

苗を活着しやすく整える

苗には根巻き苗とポット苗がありますが、ポット苗は盛夏と厳冬以外なら植えつけられます。

苗に葉がたくさんあると、根が十分に張る前に蒸散が多くなるため、根張りが遅れたり枝が枯れます。

すぐに活着させるには、植えつけ前に、全体の1/3程度の枝を落とし、蒸散を抑えるのがポイントです。下枝や樹冠内部の混み合った枝を付け根から切り、病害虫の有無を確認して枯れ枝を取って植えつけます。

植えつけ後、約3年で庭が落ち着く

植え穴は大きく掘り、水で土と根を密着させるように水をたっぷり注いで苗をゆすります。水泡が出なくなったら残った土で土手を築き、水鉢をつくります。再び水を注ぎ、水が引いたら土手をくずしてならし、しっかり踏み固めます（水決め法）。植えてから約3年で株が充実し、苔が生えて味わいが出ます。生長が速いものから必要に応じて剪定を行います。本格的な剪定が必要になるのは、植えて3年後からです。

完全図解 雑木の自然風剪定
植物図鑑索引 ＊オレンジ色字は写真掲載ページ

あ

アオキ ……………… 38、110
アオダモ …………… 26、60
アオハダ …………… 26、61
アカシデ …………… 26、62
アカマツ … 44、135、136
アジサイ … 46、145、146
アズキナシ ………… 26、63
アセビ ……………… 38、111
アブラチャン ……… 27、64
イヌシデ …………… 27、65
イヌツゲ …………… 38、112
イヌマキ … 44、134、138
ウグイスカグラ … 46、148
ウメ ………………… 27、66
エゴノキ …………… 27、67
オリーブ …………… 38、113

か

カクレミノ ………… 39、114
カツラ ……………… 28、68
カマツカ …………… 28、69
カヤ ………………… 44、139
カラタネオガタマ
……………………… 39、115
カルミア …………… 39、116
カンキツ類 ………… 39、117
ガマズミ …………… 46、148

キブシ ……………… 28、70
キャラボク … 45、134、140
キョウチクトウ … 40、118
キンモクセイ
……………… 40、109、119
ギボウシ …………………… 48
クサソテツ ………………… 48
クサボケ …………… 47、155
クチナシ …………… 46、149
クリスマスローズ ………… 48
クロバナロウバイ … 28、71
クロマツ …………… 44、137
クロモジ …………… 31、80
コデマリ …………… 46、149
コナラ ……………… 29、72
コバノズイナ ……… 46、150
コブシ ……………… 29、73
コマユミ …………… 34、95
コムラサキ ………… 46、150

さ

サザンカ …………… 42、126
サルスベリ … 29、59、75
サワフタギ ………… 46、151
サワラ ……………… 45、141
サンシュユ ………… 30、76
ザクロ ……………… 29、74
シイ ………………… 40、120

シマトネリコ ……… 40、121
シモツケ … 46、144、151
シャクナゲ類
……………… 41、108、122
シャラ ……………… 31、83
シュウカイドウ …………… 48
シュウメイギク …………… 48
シラカシ …………… 41、123
シラカバ …………… 30、78
シラキ ……………… 30、79
シロモジ …………… 31、80
シロヤマブキ ……… 47、152
ジューンベリー …… 30、77
ジンチョウゲ ……… 47、152
スイセン …………………… 48
スダジイ …………… 40、120
ソヨゴ ……………… 41、124
ソロ ………………… 27、65

た

タイサンボク ……… 41、125
タマリュウ ………………… 48
ダンコウバイ ……… 47、153
ツツジ類 …………… 31、81
ツバキ ……………… 42、126
ツリバナ …… 31、58、82
テッポウユリ ……………… 48
トキワマンサク …… 42、127

158

トサミズキ………… 47、153	フヨウ ………… 35、98	**ら**
ドウダンツツジ	ブルーベリー ……… 34、94	リキュウバイ
………… 46、144、147	ベニカナメモチ … 43、130	………… 37、58、105
	ベニシダ ………………… 48	リョウブ ………… 37、106
な	ホトトギス ……………… 48	レイランドヒノキ
ナツツバキ ………… 31、83	ボケ …………… 47、155	………… 45、143
ナツハゼ …………… 32、84		ロウバイ ………… 37、107
ナナカマド ………… 32、85	**ま**	
ナンテン …………… 47、154	マサキ ………… 43、131	
ニシキギ …………… 47、154	マユミ ………… 34、95	
ネジキ ……………… 32、86	マルバノキ …… 35、96	
ノコンギク ……………… 48	マンサク ……… 35、97	
ノリウツギ ………… 32、87	ミヤマガマズミ … 46、148	
	ムクゲ ………… 35、98	
は	メグスリノキ … 35、99	
ハイノキ …………… 42、128	モクレン類 …… 36、100	
ハナイカダ ………… 33、89	モチノキ ……… 43、132	リキュウバイ の花
ハナカイドウ ……… 33、90	モッコク ……… 43、133	
ハナミズキ ………… 33、91	モミジ類 ……… 36、101	
ハナモモ …………… 34、92		
バイカウツギ ……… 33、88	**や**	
ヒサカキ …… 42、108、129	ヤナギ類 ……… 36、102	
ヒノキ ……………… 45、141	ヤブミョウガ ……………… 48	
ヒメウツギ ………… 47、155	ヤマコウバシ … 36、103	
ヒメシャラ ………… 34、93	ヤマブキ ……… 47、156	
ヒュウガミズキ	ヤマボウシ …… 37、104	
………… 47、145、153	ユキヤナギ …… 47、156	
フッキンウ ……………… 48	ヨシノスギ …… 45、142	

159

Staff

デザイン／矢作裕佳(sola design)
撮影／弘兼奈津子、澤泉ブレインズオフィス
イラスト／カワキタフミコ
DTP制作／天龍社
校正／小倉優子
構成・編集／澤泉美智子(澤泉ブレインズオフィス)
編集担当／小山内直子(山と溪谷社)

取材協力

鉢嶺邸、林邸、郷司弘子、河合香子、田中千恵子、小林邸、辻川邸、大村邸、大村邸、雲下邸、佐藤邸、土井 修、鈴木 守、石正園

平井孝幸　ひらい たかゆき

作庭家。有限会社石正園代表。日本庭園協会理事。東京農業大学造園科卒業後、「雑木の庭」の祖、飯田十基氏に師事。修業後は実家の「石正園」を継ぐ。徹底した自然観察に由来する雑木の利用法に定評がある。NHKテレビ「鑑賞マニュアル 美の壺」など多くのメディアで活躍中。『手入れがわかる雑木図鑑』(講談社)、『心地よい庭づくりQ&A』(主婦の友社)など著書多数。

有限会社　石正園(せきしょうえん)
〒202-0023　東京都西東京市新町3-7-2
TEL：0422-52-1058 FAX：0422-53-9647
Webサイト：https://sekishoen.jp/

●参考文献
『図解　自然な姿を楽しむ「庭木」の剪定』(講談社、平井孝幸)
『手入れがわかる雑木図鑑』(講談社、平井孝幸)
『心地よい庭づくりQ&A』(主婦の友社、平井孝幸)
『新版　大きくしない！ 雑木、花木の剪定と管理』(主婦の友社、平井孝幸)

完全図解　雑木の自然風剪定

2025年3月20日　初版第1刷発行

著者　　平井孝幸
発行人　川崎深雪
発行所　株式会社 山と溪谷社
　　　　〒101-0051
　　　　東京都千代田区神田神保町1丁目105番地
　　　　https://www.yamakei.co.jp/

■乱丁・落丁、及び内容に関するお問合せ先
山と溪谷社自動応答サービス
TEL.03-6744-1900
受付時間／11:00-16:00(土日、祝日を除く)
メールもご利用ください。
【乱丁・落丁】service@yamakei.co.jp
【内容】info@yamakei.co.jp

■書店・取次様からのご注文先
山と溪谷社受注センター
TEL.048-458-3455　FAX.048-421-0513

■書店・取次様からのご注文以外のお問合せ先
eigyo@yamakei.co.jp

印刷・製本　株式会社シナノ

※定価はカバーに表示してあります
※乱丁・落丁本は送料小社負担でお取り替えいたします
※禁無断複写・転載

©2025 Takayuki Hirai All rights reserved.
Printed in Japan
ISBN978-4-635-58060-1